FRENCH AT W

Graham Bishop and Martin Dear

MACMILLAN

First published 1986

Published by
MACMILLAN EDUCATION LTD
Houndmills, Basingstoke, Hampshire RG21 2XS
and London
Companies and representatives
throughout the world

Printed in Hong Kong

British Library Cataloguing in Publication Data
Bishop, Graham
French at work
1. French language—Business French
I. Title   II. Dear, Martin
448'.002465   PC2120.C6
ISBN 0–333–36250–0

10   9   8   7   6   5   4
00   99   98   97   96   95   94   93   92   91

Acknowledgements

All newspaper extracts in this book are reproduced
with kind permission of *Le Figaro*. The authors and
publishers also wish to thank Michael Joseph Ltd
for permission to use an extract from *The Gamekeeper*
by Barry Hines.

The publishers have made every effort to trace the
copyright holders, but if they have inadvertently
overlooked any, they will be pleased to make the
necessary arrangements at the earliest opportunity.

CONTENTS

CONTENTS

FOREWORD

In recent years there has been increasing realisation in schools and colleges that a knowledge of foreign languages in the world of work is considered by most employers as a useful extra skill that employees can offer in addition to their main speciality and training. Put briefly, the skilled engineer who can converse adequately in French is more useful than the skilled linguist who can only dabble in engineering.

Thus there has been a growing interest in, and healthy demand for, courses which emphasise practical skills in the use of language which will be applicable in the world of commerce and industry, whilst at the same time allowing students to study their main discipline.

The authors, who are both experienced teachers and examiners in this field, have written and prepared material which offers tried and tested techniques for the teaching of skills common to many of the present syllabuses.

Users of this book will find material suitable for preparing candidates for the various syllabuses offered the RSA, Institute of Linguists, the LCCI FLAW scheme, the AO French for Business Studies (Oxford and Cambridge Board) and for French modules as part of TVEI, CPVE and BTEC.

Graham Bishop
Head of Faculty of Communications, Frome College
Joint Awarder, French for Business Studies AO

Martin Dear
Head of Modern Languages, The Crypt School, Gloucester
Assistant Examiner, French for Business Studies AO

INTRODUCTION

Instructors will naturally make use of the material in this book in ways which best suit the level and requirements of their students. However, the authors offer the comments below on the individual sections both in the spirit of suggestions as to how to exploit the material and as an insight into what they had in mind when writing and selecting the material.

Chapter 1 Role-play

The chapter has two distinct parts: sections 1.1 and 1.2 are based on the idea that the principal role-player is *requesting* information (often using a telephone) of a French speaker; sections 1.3 and 1.4 on the idea that the host is receiving a French-speaking visitor face to face and *supplying* information. These basic situations vary considerably and often involve a combination of skills. It is also assumed that the students will work in pairs or groups and therefore that the other 'side' of the role will also be played by a student.

Each section has a detailed explanation of method for the student to read and the tutor to expand on where (s)he thinks necessary. This should provide a basis on which to work and it is intended that the subsequent work should be student-centred.

No French vocabulary is supplied outside the explanation phase because the situations and method are geared to the assumption that the best way for the student to learn the vocabulary is for him to acquire it from a French source which he has had to find for himself. It is therefore important that the tutor should guide the students on how best to compile a specialised vocabulary file and how to organise it so that retrieval of vocabulary and phrases is efficient.

Form and method

Firstly a role-playing situation is outlined. Some of these have specific content, but some are outlines only and can be used over and over again with different (self-obtained) material. The situations will thus always remain fresh and up to date and may be used in any order.

Secondly, the necessary preparation is described. This will often involve considerable planning, the obtaining of documents from both France and England and can involve genuine telephone calls and letter writing. As the institution builds up its own resource library for these situations much of this may be obtained on site, but it is intended in general that students should have to write away for themselves as much as possible. Using a dictionary and analysing the documentation received for vocabulary and phrases is a very important part of the vocabulary acquisition process and so a section on dictionary use is included in this book (Chapter 3).

There will inevitably be some delay at times before the documents and information are received, but many of the situations can be used first on a simplified level and then expanded when further details arrive. Several situations can be worked at simultaneously and groups can work ahead collecting information and writing off.

Thirdly there is a suggested follow-up stage. This varies considerably in format and aims to provide a variety of ways in which the vocabulary acquired can be re-used and extended, probably at a later date, for both reinforcement and revision.

It is hoped that the acquisition of source material by the students (rather than it being supplied by the tutor) will make the whole exercise more genuine and realistic. Many situations lend themselves to dressing up and the use of properties. Using tape recorders for self-checking and group criticism is highly recommended. If video recorders can also be used this would be a great advantage.

Chapter 2   The business letter

The sections on format, translation and replying should be self-explanatory, and the assignments reinforce those skills learned.

Chapter 3   Translation

This short section takes the student through the type of thinking process needed when using a dictionary. Clearly the method outlined assumes a certain basic knowledge of parts of speech, which is essential if full use is to be made of the dictionary layout and organisation, but the main emphasis is on stressing the need to identify words in their 'sense groups' first. Only then can a proper assessment be made of the function of each individual word in its given context.

Chapter 4   Points de repère

The passages in this section consist of short items from *Le Figaro* and have been grouped to make a total length of 200–300 words. Questions for both listening and reading comprehension practice are provided.

Use as listening comprehension

It is suggested that the tutor read the items as if they formed part of a news broadcast. First give the day's date and then read the 'headlines' before reading the items.

Use as reading comprehension and vocabulary resource

In addition to the questions after each item there is a list of references for the student to follow up and explain by his own research. Specific vocabulary has also been picked out for the student to work on with an English–French or French–French dictionary. It is intended that investigation of the possible meanings of any particular word in a given context will lead the student on to collect a group of words or phrases connected with that context.

Some of the words have been selected because they are apparently common words being used in a way which is unusual outside the present context. For example, *un exercice* – an accounting period.

Use as discussion starters

Each item can be used as a stimulus for discussion in French. This can lead to a written assignment possibly linked to one of the references researched by the student.

Use for reading aloud

Students who have listened to genuine news broadcasts on France Inter or other French radio stations will quickly learn to imitate the delivery style and can use the items to practise reading the 'news' themselves. These they can record and listen to critically at a later date as the course progresses.

Further uses, depending on the course being followed, could include dictation, audio-typing and translation practice (written, oral or aural-simultaneous).

Chapter 5   Actualités

The passages in this section are mostly self-contained articles which can be studied and exploited in a variety of ways. It is assumed that tutors will exploit them in ways which are appropriate to the requirements of the examination courses being followed — summary in English or French, understanding for gist comprehension, translation, vocabulary and phrase work, and researching the references in the text to organisations, places and people.

The additional assignments suggested below each article are intended to encourage as much active use and re-use of the material as possible, both orally and in written form, since this is an effective way of developing the student's confidence.

Wherever possible the skills developed from working on these articles should be further extended by use of current newspaper and magazine articles.

ORAL

ROLE-PLAY

1.1 How to request information by telephone

Phase 1 – Playing the role

One of the important areas in which a firm may wish to make the most of your knowledge of languages is that of the telephone call. Making contact with a foreign customer in his own language will create a good impression and improve relations between the firms.

Making a phone call may appear to be a difficult task until you are used to it. When you are speaking face to face with another person there are many cues to help you understand what he is saying and when you should reply. The help that the physical presence of another person gives (his 'body language') is only fully appreciated when he cannot be seen, only heard.

In addition, over the phone, the voice of the second person loses all its subtlety. Many of the inflexions and much of the warmth or coldness is lost in the mechanical tone which the phone imparts to the voice.

These two factors in particular make a phone call apparently more difficult than a face to face conversation. However, there is an off-setting factor which we can exploit to our advantage. Though some phone calls, like face to face conversations, can occur unexpectedly, we are here concerned with phone tasks which you will be instructed in advance to carry out. Thus you can prepare yourself carefully before making the call.

Here is a fairly straightforward example of the sort of call you might be asked to make by your section head, whom we shall call Mr Watkins.

John/Joan

Ring the Hôtel des Anglais in Dieppe for me please and book two rooms for Mr Wolfson and myself for the night of 2nd/3rd August. We will need an evening meal and breakfast. Both of us prefer at least a shower en suite. Check cost. When does dinner start? See if we can pay by American Express.

Thanks.
G.J.R.W.

These instructions need sorting out into a form in which they can be used for preparing what to say on the phone. There are many hidden, or unspoken, factors which are implied and need bringing out. Luckily, many of these factors remain relatively constant even when the instructions become more complicated.

Essentially you will need both to give and receive information. To help you find out what this involves, here is your first written task:

> Write out fully in English the conversation you imagine will be necessary to accomplish the phone call above. Script both sides of the conversation from the moment you pick up the phone.

Now that you have had to think yourself properly into the two roles, you will have discovered the extent of the 'hidden communication factor' — everything that was not made explicit in Mr Watkins' instructions above. Your conversation will have started with an exchange during which both sides identify each other. Did you have to wait while being passed on to the right person? You will have had to supply names and an address. You will have had to write down details of cost and times. Did you have to ask for a number to be repeated? Did you hear everything? Did you say goodbye?

> After discussion and comparison of your scripted phone calls with your partner, put them away. Now together act out the conversation, referring only to the instructions from Mr Watkins above.

So far we have tackled the role-playing in English in order to bring out as rapidly as possible the various elements involved in this type of conversation. Phone calls quickly become more difficult than the 'shopping' roles which you may have used mostly up to now. Now let us consider in detail how to prepare what you are going to say in French.

Phase 2 – The preparation in French

The preparation may be broken down as follows:

1 Identifying yourself and making contact with the person you wish to speak to.

2 Preparing your questions.

3 Preparing to receive the answers and to supply information.

4 Ending the conversation.

At any point during the conversation you will also need to be able to ask for something to be repeated or explained.

1 Identification

This part of the conversation will remain fairly constant whatever type of call you are making. The sort of phrases you will need for our present task will be as follows.

— Âllo? L'Hôtel des Anglais, Dieppe?
— Bonjour monsieur/madame/mademoiselle.
— Je vous téléphone d'Angleterre/de la part de mon directeur.
— Je voudrais la réception, svp/réserver des chambres svp.
— C'est pour une réservation svp.

In reply at this stage you may hear:

— Oui, ici l'Hôtel des Anglais; vous désirez?/En quoi puis-je vous être utile?
— C'est la réception (à l'appareil).
— C'est de la part de qui?
— Un instant, ne quittez pas.
— Je vous passe Monsieur Untel.

If things go slightly wrong either side may make use of the following:

— Non, monsieur, vous vous êtes trompé de numéro.
— Excusez-moi, monsieur, je me suis trompé de numéro.
— Quel est votre numéro? Quel numéro demandez-vous?
— Voulez-vous parler plus fort/lentement svp.

— Pouvez-vous répéter cela svp, monsieur.
— Je ne comprends pas.
— Pardon monsieur, je ne vous entends pas très bien.
— Il y a des craquements sur la ligne.
— Je suis désolé, monsieur, de vous avoir dérangé.
— De rien monsieur, à votre service.

Practise using the phrases above in various combinations until you are familiar with them. Alternate roles with your partner.

2 Preparation of questions

This part is more complicated and will vary considerably according to your instructions. Certain considerations must, however, always be kept firmly in mind.

You must change the content of the instructions into direct questions or statements. These direct questions or statements are *not* literal translations of the instructions. You may for example rephrase an instruction such as 'ask for a table for four to be reserved for us' into the much less linguistically demanding statement, 'I would like to reserve a table for four', i.e. Je voudrais réserver une table pour quatre personnes svp. Avoiding the passive usually makes it easier to express what you want in French. In this type of situation *the aim is to obtain and provide information successfully*. Thus you may accomplish your task in any way appropriate — the only test is, did the information reach its destination, or did you receive the information you required?

So first simplify the instructions and then make a list in French of the information you need to obtain. For our example, the list will look like this.

— Je voudrais réserver des chambres/deux chambres à un lit/ avec douche ou salle de bains/pour la nuit du 2 au 3 août/ une table pour deux personnes pour dîner/aux noms de Mr Watkins et Mr Wolfson.
— Jusqu'à quelle heure servez-vous les repas?
— A partir de quelle heure servez-vous le dîner/le petit déjeuner?
— Quel est le prix des chambres/du dîner?
— Est-ce que le petit déjeuner est compris?
— Acceptez-vous la carte de crédit American Express?

3 Preparing to receive the answers

By far the most anxious moments you will experience when making a phone call in a foreign language will be when you are asked a question which you are not prepared for. Try to anticipate as far as you can the replies to your own questions and the possible follow-up questions you will receive in return.

In our example, assuming all goes according to plan, the questions from the hotel might be:

— Avec plaisir. Qu'est-ce que vous voulez exactement, monsieur, comme chambres?
— Oui, aucun problème, monsieur. C'est à quel nom?
— Pouvez-vous épeler les noms svp?/Comment écrivez-vous ce nom svp?
— C'est pour une nuit seulement?
— Quelle est l'adresse de votre société svp?
— A quelle heure pensez-vous arriver à l'hôtel?
— Non je regrette, monsieur. Nous n'acceptons pas les cartes de crédit.

These questions and replies (and those in section 2) mean that you will have to supply information. You will need to give names; know the alphabet in French; give your address; tell the time; understand prices, times and numbers. You may need to ask for these to be repeated.

These activities are the staples of any phone call in which arrangements are made. They need to be learned and practised as much as possible.

Practise putting this part of the conversation together with a partner, starting from the moment you pick up the phone.

If you prefer, start with a dual language conversation — you speak in French, but your partner replies in English. As soon as you are confident, switch both roles to French.

4 Before replacing the receiver

The final part of the conversation is fairly constant and straightforward, but nonetheless important.

In our example both sides may wish to confirm that they have the details right:

— Alors monsieur, si je comprends bien, vous voudriez... (reads out the arrangements to confirm that they are correct)
— Je voudrais vérifier les détails, svp. Vous voulez...
— C'est correct, monsieur? C'est bien ça, monsieur?
— Non, monsieur, je voudrais.../ce n'est pas tout à fait correct...

Finally the conversation comes to an end:

— C'est tout, monsieur?

— Oui c'est tout. Merci monsieur.
— A votre service. Au revoir.

Note that throughout the phone call the polite French custom of using monsieur/madame/mademoiselle fairly frequently should be observed.

You are now ready to tackle the whole conversation with a partner, playing both roles in French if possible. Use the original instructions in Phase 1 to prompt you. Don't forget to write down the details given by the French hotel, so that you can tell your boss later what has been arranged.

When you are fluent and have overcome any difficulties, write out a version in French of the entire conversation. Do not under any circumstances refer to your original English version — remember this is *not* a translation exercise.

Phase 3 – Conversation exercises

So far you have been given detailed help and suggestions as to how to develop your preparation technique. Always keep an organised loose-leaf note-book. Make as many divisions and categories as you think are necessary and add regularly to them as you build up further vocabulary and new phrases.

The tasks below continue the theme of the Dieppe booking. In the Assignments (section 1.2), the conversation instructions will become more complex and involve other likely business situations.

Do your preparation with your partner as suggested above. Remember to keep the direct questions and statements as straightforward as possible. When you are satisfied with the oral version, make a final written version to keep in your files for revision. Remember to change roles so that you each take part in the conversation from each side.

Task 1

John/Joan
That reservation you made with the Hôtel des Anglais in Dieppe – I can't make it after all because I have to attend a conference in Manchester. Ring the hotel and postpone it until the 15th/16th August, will you? Same arrangements, but Mr Davidson will be coming too.

Task 2

Oh! and you had better ring the Chambre de Commerce in Dieppe – ask for Monsieur Delours – he is 'premier adjoint au maire'. Tell him the problem and say we are coming on the 16th instead. We will be there at 9.15 a.m. (He'll understand, as he had already given us the 16th as an alternative date on which we could have a meeting.)

We have assumed that the rearrangements in 1 and 2 all went according to plan. However, life is not always that straightforward, so now tackle the same situation from a different standpoint. Much of the vocabulary needed will now be familiar to you, but you will have to adapt it to the new circumstances in Tasks 3–6.

Task 3

As a good secretary/assistant you think it wise to ring Monsieur Delours *first*, before ringing the hotel, just in case the 16th is no longer convenient for the meeting. Apologise and explain as in Task 2. He says he can no longer manage the 16th, but could be free on the 19th. You check your boss's diary and confirm the new appointment. Thank him for rearranging his programme.

Task 4

You now ring the Hôtel des Anglais to rearrange the booking for the 18th/19th. The receptionist says she is sorry, but they are fully booked on that night. You ask for, and receive, the address and phone number of another hotel. You are more successful here, but end up with one double room with twin beds and bathroom and one single with shower only. Don't forget to check prices and meal times.

Task 5

Just as you finished ringing the second hotel there is an urgent call from Monsieur Delours. He has discovered that the 19th is impossible – he's very sorry, but it will all have to be put off until the 25th. Play the conversation between yourself (the ever-polite secretary) and Monsieur Delours. Plan carefully before you start.

Task 6

Back to the second French hotel! Your requirements remain as originally stated in Task 1, but the French receptionist is not so polite and complains that she must now change everything and that it will be difficult. (What was the booking you made? When?) She eventually manages to give you the three separate rooms you wanted on the night of the 24th/25th.

Lastly report back to Mr Watkins in English telling him of the final arrangements.

1.2 Assignments

1 Booking a hire car

Situation

Two of your firm's directors are going to Bruxelles on business. They will arrive on Thursday and will take a taxi to their hotel, 'L'Hôtel du Commerce'. They would like a hire car to be available to them at the hotel from midday Thursday to midday Saturday.

Task

Ring the Agence Locauto on 215.64.37 and book a Citroën CX as above. Be prepared to give the names of the directors (both will drive), their ages, addresses and driving licence numbers A287489 99218 and H418372 21845. Ask for all the documents to be ready for signing at the hotel. Check the basic rental and supplementary charge per kilometre. Ask them to confirm the booking in writing.

Preparation

Script this first assignment carefully, as far as possible thinking in terms of what you can manage in French right from the start. Find out from local (English) car hire firms what their typical rates are for a similar car.

Follow-up

With reference to the letter-writing section, write to a Syndicat d'Initiative in France requesting a list of local car hire firms. Alternatively, prepare a conversation and phone a Syndicat d'Initiative. Write for details of rates to one or more of the French firms. Prepare a memo in English for your accounts department giving details of why you have chosen one firm rather than another by referring to the brochures.

Collect and arrange your own file of vocabulary associated with this task from the documents you have received as well as from the dictionary, support books and your tutor.

2 Changing a ferry crossing

Situation

You are in France with two fellow directors. You have just visited a Lyon trade fair and decided to spend an extra two days following up interesting commercial possibilities.

Task

Ring Townsend Thoresen in Le Havre. Explain that you have a booking for Thursday, 5th July on the 11 p.m. crossing. You wish to change it to the following Monday 9th, same time. Do they have space? Do they have a spare cabin? Be prepared to give names, dates, times, ticket numbers.

Variation

The Townsend Thoresen clerk could also introduce a difficulty: e.g. Monday 9th, full at 11 p.m. but there is room on the 0900 crossing that day, or on the 0900 crossing on Tuesday. If you accept the latter, ask for the name of a hotel, ring it up and ask if they have rooms free. Book appropriate accommodation.

Preparation

Go to a local travel agent and obtain a Townsend Thoresen brochure. This will enable your partner to play the role of the booking clerk by using the proper documents. Make up your own variants of the above situation and introduce difficulties without warning. Write or phone the Le Havre Syndicat d'Initiative and obtain a list of hotels. Alternatively, use a Guide Rouge (Michelin) or other list of hotels (e.g. AA or RAC).

Collect and arrange your own file of vocabulary and phrases for this topic.

3   Telephoning a garage

Situation

Your car is not functioning properly and you have crawled into a motorway service area on the Autoroute A10 on your way to Bordeaux. You are near Niort. You have an important meeting with a wine exporter later in the day.

Task

1   Ring the main Renault garage in Niort. Explain where you are and that your car has stopped completely. You are covered by the RAC insurance scheme. Ask if they can come and collect the car and explain that you will leave the keys at the service station desk. Answer their query as to where you can be contacted by saying you are going on to Bordeaux and can be contacted at the following address: 29 Rue du Palais-Gallien on 69.22.84. The garage will ask for your name to be spelt, the number of the of the car (1860BY33) and ask you to leave RAC insurance cover documents with the keys.

2   Phone Niort station and ask the time of the next train to Bordeaux.

3   Ring for a taxi to take you to Niort station.

Preparation

Contact local RAC or travel agents for details of this type of insurance cover. Contact French Railways in London for Paris–Niort–Bordeaux train times. Write to Niort and Bordeaux Syndicats d'Initiative for details of their areas and train time details.

4   Telephoning a hospital

Situation

You were involved in a car accident yesterday. You are unhurt but your colleague is in Rennes hospital.

Task

1   You ring from your hotel to find out how he is. Be prepared to spell his name and give his age and nationality. Ask what ward he is in. You need to know how badly injured he is, how long he will have to stay in hospital, what the visiting times are.

2   Ring the local French representative of your firm (who you have not yet met), explain who you are and about the accident. Answer his questions about the state of your health and that of your colleague. He will ask where your car is now and agree to contact the garage to make necessary arrangements for the repairs.

Preparation

Script your conversations carefully, but do not become too complicated (or gruesome) about the medical details.
   Collect and arrange suitable vocabulary and phrases to do with health and illness.

Follow-up

Imagine having to go into a chemist to ask for some simple medical items (for sore throat, cut knee, car sickness, etc.) and having to explain a simple illness to a doctor (e.g. stomach upset).
   Find out all you can about French medical procedures by obtaining DHSS documents for travellers abroad. Your local travel agency may help too. Prepare a short talk in English or French to explain these arrangements to your fellow course participants and answer their questions.

5   Phoning to retrieve a lost item

Situation

You are in Nice in your hotel room when the chef des ventes of the French firm you had been dealing with earlier in the day rings up saying he has lost a valuable cigarette case. He wonders if he lost it in your hotel.

Task

1   Ask him to describe it. (What colour is it? Has it got his name on it? Anything special to help identify it?) Ask him if he can remember when he last used it. (In the dining room, at the bar, in the lounge over coffee?) Tell him you will make enquiries in the hotel and ring him back.

2   Phone reception, describe the case – ask if it has been handed in. It has.

3   Phone the chef des ventes back, tell him where it was found and say that you will return it when you see him the next day.

Preparation

Practise describing objects in French by working together with others on the contents of your briefcases, bags and pockets, and the room you are working in.

Follow this up by working out descriptions of objects and asking the other course participants to guess what you are describing. French magazine and newspaper advertisements would be a useful source of vocabulary to help you.

Collect and group the vocabulary you have amassed for this topic (e.g. colours, measurements, size, shape).

6   Arranging a meeting and asking for directions

Situation

You have just spent a few days in Paris at the Salon de l'Automobile and decide to go on to Orléans where your firm has a local representative. You are using a hire car.

Task

Phone your man in Orléans, M. Jacques LeFèvre, whom you know slightly, and arrange to meet him to discuss developments in his area. Script both sides of the conversation so that you include most of the points below.

Say who you are. Remind him that you have met before. He asks: Where? When? Say what you have been doing in Paris (he asks: Did anything particularly excite you at the Salon? If so, what?). Explain that you have a couple of days spare and would like to visit him. He asks: How are you travelling? Agree a day (he can't make the first suggestion) and ask for directions. He tells you the road to leave Paris on (get a map and look it up) and explains what to do when you arrive in Orléans (use a street plan of Orléans) in order to get to his office.

Preparation

Write to the major car manufacturers in France and ask for literature on their ranges. Obtain a good Michelin or other map of France. Write to the Syndicat d'Initiative of Orléans, or phone them up, for a street plan.

Follow-up

1   Work out similar situations for other towns in France using maps and town plans. Write for all the relevant brochures.

2   Plan a detailed day-visit of the Channel port most accessible to your place of work and if possible arrange a day trip to go over as a group with your colleagues.

3   Plan a tour of an area or region for a business visitor. Use the French guides to suggest a route (giving details of road numbers and kilometrage), to suggest places to visit and places to stay and/or eat. (Include visits to zones industrielles and chambres de commerce.) Send off for the appropriate brochures and hotel/restaurant prices. Cost the whole venture.

(a) Present your tour with the accompanying literature to your colleagues.

(b) Present a written itinerary plus notes for your managing director.

7   Promotional tour of a region

Situation

You work for a firm of cycle manufacturers who wish to promote their product in France. Your advertising agents have suggested that a group of salesmen should tour Normandy (by bicycle!) with suitable back-up in the form of a travelling exhibition and hold promotion days in various towns.

Task

Phone your local agent in Château-Gontier. Explain the idea to him and ask for his initial reaction. Ask when would be the best time to mount the operation. He will ask for some preliminary details such as the length of tour you propose, the number of salesmen involved, the amount of money available.

Arrange a time to go and see him in Château-Gontier and ask him to work out a possible route for such a promotion so that you can both go round it during your preparatory visit (by car!).

Preparation

Write to French cycle manufacturers asking for brochures on their range of products. Find out what the regional newspaper is and obtain a copy.

Follow-up

1   Using the experience gained in Assignment 6, plan an itinerary for the promotional tour of about a week. Remember that your salesmen are supposed to be cycling at least some of the way. Choose a route to cover the maximum number of towns possible and work out distances, exhibition stops and rest days.

Present your plan in French as if to the sales team (your fellow course members) who will wish to ask you practical questions (including details of hills).

2   Design a full-page advertisement for the local paper advertising the tour and offering prizes of free bikes for competitions and raffles.

3   Bring a bicycle in to your group and attempt to sell it to one of your colleagues. Conduct an auction if there are several potential buyers.

4   Write an account for the local paper as if you were a reporter who spent a day on the road with the sales team.

8   Job application

Situation

You are a personnel manager for your firm of furniture manufacturers. You are currently advertising for a salesman who, after suitable familiarisation and training, would be sent to France to expand exports to that country. You receive a preliminary letter requesting more details from a Frenchman, M. Jean-Pierre LeCorre.

Task

Time is short and you wish to obtain some information on the potential applicant quickly. Ring the present employer of M. LeCorre in Rouen, ask to speak to the Personnel Officer and talk to him about M. LeCorre. Find out what you can about him (age, experience, family situation, qualifications, etc.) and ask for a brief assessment as to his character.

Preparation

Work out a curriculum vitae for Jean-Pierre LeCorre beforehand in French with your partner, giving all the normal details. Use this to supply the information needed for the conversation above.

Go through the job advertisements in a French newspaper collecting the type of vocabulary used to describe and advertise jobs. Add the vocabulary to your file.

Follow-up

1   Write an advertisement for the job above.

2   Write a letter of application as if you were Jean-Pierre LeCorre.

3   Ring up M. LeCorre and invite him for interview, telling him of the arrangements you have made to accommodate him during his visit.

4   Three personnel managers should form a panel and interview three candidates. Decide who gets the job.

9 Language course

Situation

Two of the directors of your company have decided to enrol on a course to improve their French in a language school in St. Malo. They ask you to ring the language school to find out as many details as you can. (You *have* pointed out that if they wish to improve their French they could ... but they are busy and so you ...)

Task

Ring St. Malo and obtain the following information about their courses:

Times and length of course number BL 541.
Details of the daily routine – length and times of classes a.m. and p.m. Details of any group excursions or visits. Do course members have to buy books or other equipment?
Details of accommodation. Which hotel, what times meals are served.
Do you take lunch in the hotel or elsewhere? How far from the hotel is the language school?
Would it be possible to stay with a French family instead of at the hotel?

Preparation

Write for and obtain a town plan of St. Malo, other brochures, and names and addresses of language schools. Write or phone for their brochures. Use this material to provide the details for the phone call above.

Follow-up

Based on the information in the brochures and guide books, prepare a series of questions which you would like to ask a local in a 'street interview' about St. Malo. Take it in turns to play interviewer and interviewee and record the interviews.

10 Strike affects travel plans

Situation

A group of four from your company have attended the Foire Internationale at Bordeaux. Unfortunately France is now in the grip of a series of strikes affecting most means of transport and you are stranded since no planes are flying. Other means of travelling are open to you but on restricted service only (no hire cars are available).

Task

Make suitable phone calls to rearrange the transportation of your group back to England. You may have to modify your plans in the light of the answers you receive from the station, the bus and coach companies, played by your partner.

Preparation

Using a map and railway network plan, work out a way home. Work out timings and decide where you will make an overnight stop. Check ferry times. Be ready to modify your plans if certain connections prove to be impossible because of the strike.

Follow-up

Imagine an irritated and irritating director standing by your side as you make one of the phone calls (you will need three people for this). Conduct the phone call as if the director (who speaks only English) is constantly asking 'What did (s)he say?' and saying 'Ask him/her if ...'

11 Exhibition space

Situation

Your firm is exhibiting its products in a Salon des Meubles (20th–25th June) in Lille. You have asked for space but have as yet received no confirmation or details.

Task

Phone the exhibition secretary, say why you are ringing and obtain the following details:

1 Did they receive your letter of 15th inst. 198–, and have they reserved you a stand? (They have.)

2 What floor is it on and what is the area of the space available?

3 What is the charge per square metre?

4 When is it available for setting up and by when must it be cleared?

5 What services are available (electricity, water, lavatories, phones, telex) on the stand area, and on the floor?

6 How big is the service lift?

Follow-up

Write a brief report in English to your boss giving details of what you have found out.

12 Picture agency

Situation

Your editor urgently needs illustrations for an article about industrial developments in Toulouse. None of the picture agencies in the UK seems to have what he requires.

Task

Ring the Agence Photos-Rapides in Paris and find out the following information:

1 Have they any photographs (in colour) of the new industrial zone in Toulouse? You want external, possibly aerial shots, plus some of office interiors showing working conditions and modern equipment in use.

2 If so, what size are the transparencies? (24mm × 36mm? 60mm × 60 mm? or larger?)

3 Can they dispatch immediately by plane to Heathrow?

4 Supply name and address – you will collect at Air France desk.

5 What do they charge for single reproduction rights for A5 size? (400f each.)

Follow-up

Write a brief report to your editor giving the facts you have obtained.

13 Umbrella order

Situation

A French company selling your distinctive brand of English umbrella has had a run on sales due to appalling spring weather. They ring you to ask for an urgent supplementary order.

Task

Answer the phone and respond to their request by finding out:
    the style numbers;
    quantity and colours they require;
    method of dispatch (by air, by ferry/train or lorry);
    whether you should include a quantity of your latest style
        for the younger customer.
They in turn wish to know how soon you can dispatch the goods; what the cost per gross is; and what discount you are offering.

14 Wine importing

Situation

You wish to move into the field of importing wines into England from France.

Task

Ring the Chambre de Commerce franco-britannique in Paris and obtain the following information:
    What is the most recent report on exporting wines to
        England that they have?
    Can they send three copies?
    Can they arrange an interview for you with the chief
        commercial adviser? When?
    Can they arrange a study tour of wine areas to introduce
        your firm to growers and shippers?
    When can this be arranged for? (You wish for as early a
        date as possible.)
Write a brief memo in English for your fellow directors on the answers you receive.

15   Damage to goods

Situation

Your firm has received a consignment of French clocks from a company in Mulhouse. On arrival, twenty clocks are found to be damaged. Your port agent says that the damage was discovered when the cases were opened for customs inspection in Newhaven and was caused by inadequate packing.

Task

Ring the firm, explain briefly what has happened and ask:

1   Whether they will accept responsibility for the cost of replacement.

2   How soon they can send replacements as you need them to fulfil an order.

3   On learning that the replacements will not be exactly the same as the originals, ask for details of the change in specifications.

4   Ask them to send you their latest catalogue of products and if they have a version in English.

5   Ask them if they could send a representative to visit you to discuss further orders before July. (Details to be arranged another time.)

Write a short report in English on the information received to be submitted to your immediate boss.

1.3   How to supply information: receiving a foreign visitor

A visitor to a foreign country is usually delighted when one of the locals greets him in his or her own language. Imagine your own pleased (and relieved) reaction if you were in another country. From a commercial point of view the psychological advantage and goodwill gained may be a crucial factor in the fight against competitors.

Unlike during a telephone conversation, 'body language' plays an important part in the contact between the two or more speakers. Gestures, facial expression and general behaviour will all help in establishing contact and better understanding with your visitor in a way that is impossible over the phone.

On the other hand, this personal contact may well make the conversation less predictable and more spontaneous. In other words you may not be able to predict and prepare the situation quite as closely beforehand as you can with a phone conversation. The instructions and recommendations which follow will take account of this flexibility and will make more demands on your ability to converse in French.

However, the initial meeting at least with your visitor will probably follow a fairly set pattern which can be divided into stages as follows:

stage 1
(a) Arrival, greeting introduction.
(b) Invite your visitor to sit down, have a drink, coffee, cigarette, etc.

stage 2
(a) Polite chit-chat — did you have a good journey? Where are you staying? Have you been here before? What have you seen of the area? Where do you come from in France?
(b) Is your accommodation satisfactory? Are there any difficulties? Can we do anything to help?

stage 3
The visitor may well request information *from* you on this social conversation level. For example, he may wish to know:
some details about the tourist opportunities in your area — places to visit, opening times, availability of transport;
where the banks are;
details of theatres, cinemas, swimming pools, leisure centres;
details of hotels, pubs, restaurants;
details of arrangements for his return journey to airport, etc.

Though these stages are not directly related to business as such, they are important, since making your visitor feel at home and attending to his comfort is very much part of receiving a visitor and will prepare the ground for successful negotiations. Detailed and specialised negotiations are outside the scope of this book, but stage 4 deals with the more general areas of business contact.

stage 4
(a) Details of the programme arranged for your visitor. times, dates, people and travel arrangements.
(b) Non-technical questions from the visitor on the firm's products or services, and on your terms of business.

The instructions and situations you will be working on will mostly follow the pattern above. As in the Telephone Conversation sections (1.1, 1.2) we shall suggest a detailed approach to preparation of this type of conversation, looking at each stage in turn. The aim is to help you develop a technique and a framework which will build up confidence. In real life such a meeting and conversation will be far less predictable, but confidence and familiarity will enable you to cope more easily with the unexpected when it does occur.

The situation below will serve as a model for this preparation and will be followed by other situations which can be practised and prepared with your partner and tutor using a similar technique. It is recommended that you and your partner prepare and play each role in turn. If you can record yourselves and play back the results you will be able to spot and remedy problems much more quickly.

Sample situation: Apple Products Ltd.

You work as a sales director (directeur des ventes) for a cider exporting firm in your area called Apple Products Ltd. You are expecting a visitor from Belgium who wishes to visit your company and see local growers and producers with a view to importing cider from England rather than from Normandy which is his traditional supplier.

Your secretary shows in M. Jacques Lejeune, directeur of Lejeune S.A., Bruxelles. Welcome him.

Initiate some polite conversation by asking him if he had a good boat crossing, if he finds the hotel to his satisfaction and if this is his first visit to England.

Explain that your managing director is unfortunately away on business for the day. He has invited M. Lejeune to dinner that evening at his home.

M. Lejeune is combining business with pleasure and will ask you some questions about your area. Be prepared to suggest some places to visit.

M. Lejeune asks about the programme you have arranged for him during his two-day stay. Be prepared to explain the programme below:

Monday (today)
11.00 meeting with local cider co-operative directors
12.30 lunch
 2.30 visit to the co-operative by car
 5.00 return to hotel
 7.30 dinner with director at his home as already mentioned

Tuesday (tomorrow)
 9.00 visit to orchards and local growers
12.30 lunch
 2.30 meeting with sales directors to discuss requirements and terms

Answer any queries your visitor may have and then bring the conversation to an end by saying that it is nearly time for the first item on the programme.

Act out the situation above in English with your partner. Exploring the roles in your own language will put 'flesh on to the bones' and reveal the hidden communication factors you will need to take account of. Compare your version of how it went with that of another pair.

The following detailed preparation should show you how to establish technique, but for the assignments which follow (1.4), you will be given much less help.

Stage 1 – Reception and introductions

This part of the meeting will remain very similar for most first time meetings. Phrases which you will need and hear include:

(a) — Bonjour, monsieur.
    — Puis-je me présenter? Je m'appelle ...
    — Permettez-moi de me présenter.

    — Je suis enchanté de faire votre connaissance ...
    — Soyez le bienvenu dans notre siège social.

(b) — Asseyez-vous, je vous prie.
— Suivez-moi/Par ici, monsieur/Entrez.
— Est-ce que vous fumez?
— Voulez-vous un café/quelque chose à boire?

— Oui, merci, je veux bien.
— Volontiers, j'ai bien soif.
— Merci, je ne fume pas.
— Un café sera parfait, monsieur.

Note It is normal to shake hands on first meeting, but French people also shake hands on every first encounter *each day*.
'Merci' usually means 'no thank you' when used as in the penultimate sentence above.

Stage 2 – Polite conversation

To cover the items given you might need and hear the following phrases:

(a) — Est-ce que vous avez fait un bon voyage, monsieur? Vous avez pris le ferry hier je crois. Est-ce que la traversée a été bonne/mauvaise? Est-ce que la mer était calme/agitée?
— Notre chauffeur vous a rencontré au bureau de Sea Link, j'espère.
— Il y a eu un peu de retard à Calais, je crois.

— Oui, oui, aucun problème.
— Oui, je préfère la traversée en mer, c'est plus reposant.
— La traversée était très agitée mais j'ai le pied marin et je ne souffre pas du mal de mer.
— Oui, votre chauffeur m'attendait comme prévu.
(b) — Vous avez bien dormi à l'hôtel?
— L'hôtel vous convient?
— Vous êtes content de votre hôtel?

— Oui, très bien, très confortable. Le patron est très sympathique.
(c) — Est-ce que c'est votre première visite en Angleterre?

— Non, non. J'y suis venu plusieurs fois en voyage d'affaires.

Now you need to explain the absence of your managing director:

— Monsieur Martin, notre P.D.G., regrette de ne pas pouvoir vous recevoir ce matin.
— Il est en voyage d'affaires aujourd'hui.

— Il sera de retour ce soir.
— Il vous invite chez lui à 8h00 pour dîner.

— C'est bien gentil de sa part.

Practise these first two stages together in French until they become natural and familiar. Move about and try to recreate the physical actions which accompany the words. This will help you to feel your way into the roles and so make the following conversation more spontaneous.

Stage 3 – Questions from your visitor

Some questions from M. Lejeune on your area might be of the following type:
— C'est ma première visite dans votre région. Pouvez-vous suggérer des endroits qui «méritent le détour» comme on dit?
— J'ai deux jours de libre après ma visite chez vous. Je voudrais en profiter au maximum. Que me conseillez-vous?
— Qu'est-ce qu'il y a dans votre région? J'aime beaucoup les châteaux forts et j'aime me promener à la campagne.

Your replies should be appropriate to the area you live in. The British Tourist Authority will on request supply brochures about your area in French. These will greatly assist your answers.

Stage 4 – Details of the programme

M. Lejeune will ask about the programme. Some phrases are supplied below.
— Pourriez-vous me fournir des détails du programme que vous avez organisé/prévu pour ma visite?
— Nous avons organisé une visite à .../une réunion à ...
— Vous avez rendez-vous avec ...
— Nous allons vous faire visiter .../montrer ... la coopérative des exploitants du cidre/les vergers de pommiers/les directeurs des ventes/des services d'exploitation/discuter les modalités et conditions de paiement.
— Je regrette mais je ne peux pas vous accompagner demain. Mlle Bousseau vous servira d'interprète.

— Pouvez-vous répéter cela s'il vous plaît.
— Donnez-moi plus de détails sur cette coopérative.

You will wish to round off this conversation in an appropriate way such as:
— Bien, si vous n'avez plus de questions, monsieur, il est presque temps d'aller à notre premier rendez-vous.

Practise stages 3 and 4 on their own, before putting the whole conversation together. Don't forget to play both roles each and to record your final version if possible.

1.4 Assignments

1 Syndicat d'Initiative

Situation

You are the sole bilingual assistant in the local tourist information office. You have to deal with a string of enquiries, complaints, and problems from French-speaking tourists.

Preparation

By going to your Tourist Information Office and by writing to the British Tourist Authority you can equip yourself with brochures, maps, timetables, hotel lists, details of opening times, entry prices and so on relating to your area. Some of these may be obtainable in French. Use the latter to supply yourself with most of the 'technical' vocabulary you need.

Your fellow students should be getting together to decide on a wide variety of roles they wish to play and questions they wish to ask. Some suggestions are offered below, but anything goes. Ask your Tourist Information Office what sort of requests they get, especially the unusual ones. In particular don't forget to include a few awkward customers and at least one good emergency requiring instant action. Prepare and script your roles carefully. Everyone should have a turn at being the information official offering and explaining brochures and the information they contain.

Suggested roles for customers:
>   Very cross customer, not satisfied with hotel you recommended.
>   Wants to organise a day-trip to London/Stratford, etc.
>   Train times, coach times, buses.
>   Wants to change money, what should he do?
>   Wants to book a hotel.
>   Can you recommend a restaurant/pub.
>   Doesn't understand pub laws.
>   Someone carried in with broken leg after road accident.
>   Car broken down.
>   Pickpocket victim arrives.
>   Doesn't understand the fuming taxi-driver at his side.
>   Cost of entry to castle/museum? Opening times?
>   Feeling ill, how do they get treatment?
>   Doesn't understand instructions on cough mixture bottle.
>   Lost travellers cheques and passport, handbag.
>   Coach party has lost two of its members.

2   Going out for a meal

Situation

You are entertaining a French visitor by taking him to dinner in his hotel. It is his first visit and first stay in an English hotel.

Task

Start at the bar by offering him an aperitif and be prepared to explain the following:

(a) the words 'open to non-residents'
the English licensing laws
tipping, when to and when not to
the words 'bed and breakfast'

(b) The waiter arrives with the menu. Help your guest choose his meal and answer his questions about what the items are. Ask his advice about the choice of wine from the list.

(c) Escort your guest to the dining room. Engage in general conversation. Discover where he lives, details of his family, what he does when not on business. Be prepared to supply the same information about yourself.

(d) Ask for the bill, escort him to the foyer, say good night, after confirming times and arrangements for the next day.

Preparation

Obtain brochures, menus and details of local hotels and restaurants. Similarly from French hotels. Consult your home economics department, Guide Rouge (Michelin) and any French magazines which give recipes (e.g. Elle) or French books on cooking (e.g. Larousse gastronomique).

Follow-up

Plan menus and arrange with home economics department to have a French lunch or evening meal.

3   Applicant for a job

Situation

You have advertised a job in your firm and are now interviewing applicants. The candidate this time is French and, due to a postal strike, has received rather minimal information about what the job involves — only such details as are contained in the advertisement.

Task

Welcome him, introduce him to the other members of the interviewing panel and invite him to sit down. Offer him a coffee. Ask him a few details about himself (see telephone assignment 8, section 1.2, if already done) and then invite him to ask any questions he wishes about the job you are offering.
    Be prepared to supply information about the job on:
        duties
        experience necessary
        qualifications expected
        starting salary
        holidays
        career prospects within the company
        amount of travel abroad expected
        relocation assistance
When he has come to the end of his questions suggest a break for lunch and explain the arrangements you have made.

Preparation

This pattern of interview can be adapted to a variety of situations. First select a job advertisement from a newspaper or magazine, starting with a fairly simple appointment and working up to more senior and complicated appointments.
    Draw up a brief profile of the sort of person you are looking for and more importantly a job description in as much detail as you can. Work on this with your partner.
    Without referring to any specific job description draw up a list of questions you would ask about a new job if you were in this situation yourself.

Follow-up

One of the pair should 'apply' in writing for one of the jobs selected giving his/her curriculum vitae and asking for more details. The 'employer' should reply enclosing written job description, and giving details of time and place of interview.

4   Selling a product or service (part 1)

Background

Study a publicity brochure you have obtained on a product or a service. Take notes and itemise the details and specifications. Pass the brochure to your partner.

Situation

You are about to welcome a buyer from a French company who is interested in your product/service. He has a copy of your publicity brochure.

Task

Welcome him, introduce yourself and go through the normal social niceties. Be prepared to answer his questions arising from the brochure itself; your visitor will wish to know your terms and conditions of payment; the cost for certain quantities; the delivery dates and arrangements for shipment and dispatch.

Preparation

Obtain brochures and publicity hand-outs on products and services. Many of these can be obtained on day-trips from hypermarkets, stations, and Syndicats d'Initiative, but others may be obtained by writing to French firms advertising in magazines and newspapers or the yellow pages. Often the advertisement itself will provide sufficient information.

Practise presenting the product to your fellow students by displaying and explaining the brochure and product or service as if giving short sales lectures and answering questions.

On a more lively level, choose a simple product such as a washing-up liquid, a brand of toothpaste, a teddy bear, a writing implement. Attempt to sell the product to your colleagues in the style of a market stall holder.

Follow-up

See part 2.

The pattern of this assignment can be used any number of times with different products.

5   Selling a product or service (part 2)

Situation

This is a follow-up to part 1. Your visitor has obtained the information he requires about your product or service and is aware of your terms of sales and delivery. He now wishes to know what programme you have arranged for his visit.

Task

Be prepared to answer his questions.

Preparation

Work out a programme and itinerary in enough detail to enable you to answer your visitor's questions about what he will be seeing and doing and when. The programme could last one or two days. You could include a visit to your factory, visiting the R and D, production, and dispatching departments. Lunch or dinner could involve meeting managers and workers, salesmen and designers. A private invitation to the Managing Director's home, a visit to a theatre or local attraction are other possibilities.

One of your group might contact a local firm and enquire how they entertain and conduct tours of foreign businessmen.

The 'visitor' should draw up a list of questions he will wish to ask, but must also be flexible enough to react to specific details of the programme as they arise. For example, he may be offered a choice of activities.

Follow-up

When the final version is well practised make a tape or video recording which you can study afterwards.

6   Visit to a construction site

Situation

You are the UK representative for the English subsidiary of Nalgophone et Cie, makers of car radio sets. Your French parent company is building a new factory near Milton Keynes and the head of exports, M. Guilbron, is coming over to inspect the site and building progress.

Task

1   Welcome him.

2   Be prepared to supply the following information as required:
  (a) explain that building progress has been slower than expected because of a last-minute change in the design by the French architects and because of a week-long strike of the drivers of the firm supplying the concrete.
  (b) you hope that the exterior will be finished by the end of the month.
  (c) the interior will take three months to finish.
  (d) the factory should be in operation by the end of September.

3   Be prepared to answer questions on the programme arranged for your visitor as below:
  (a) visit to the site and meeting with the builders this afternoon.
  (b) meeting with local council Chief Executive tomorrow morning, then lunch with the mayor.
  (c) press conference in the afternoon and photos. The press can be told that initially the new factory will provide fifty jobs locally rising to 150 as production increases.
  (d) return to Heathrow by car for 6.00 p.m.

Preparation

Look through copies of French magazines, e.g. *L'Express* and look for advertisements for domestic or commercial construction projects. Plans are often included which will be helpful.

Follow-up

1   Imagine you are a reporter at the press conference. Write an account of the visit of M. Guilbron covering as many of his activities as possible. Report the job creation prospects for your area and be enthusiastic to your readers about the whole project.

2   You are in charge of language courses at the local college. Interview M. Guilbron, recording the whole conversation for the benefit of your students. Your transcript will be translated into English for the benefit of the local radio listeners in Milton Keynes.

7   Estate agent

Situation

You are an estate agent specialising in selling properties to foreign companies who wish to house their employees in the UK. An executive from Renault is coming to see you for a modern flat in a tower block and a large house in about a hectare of land on the outskirts of your town.

Task

Welcome him/her into your office and be prepared to answer questions about the properties you are going to propose to him/her.

You will need to be able to describe the location of each property; its proximity to services (main roads, buses, trains, shops, etc.); the rates payable; the price/or rent; the number of rooms and sizes; type of heating.

This situation can be handled in a number of ways, for example:
(a) you make several proposals in the 'office' and the executive chooses the most appropriate;
(b) you take the visitor to the property and answer his questions as if you were actually going round the premises.

Preparation

Obtain house details from an estate agent or from the advertisements in a local paper. Write for details of properties in France or use similar material to that collected for assignment 6. Local chambers of commerce in France will supply lists of estate agents who can then be written to, asking for details of properties, or alternatively, obtain a French telephone directory and look in the yellow pages (or write to a French contact and ask them to do it for you).

Follow-up

Imagine the situation the other way about. You are visiting a French architect's office in France. He will question you on your requirements and specifications to enable him to build you a house or premises for a small firm in his town. Similar vocabulary will be needed.

8   Working in a travel agency

Situation

You work for a travel agency business in France. Your visitor is a customer who wishes to make a booking for flotilla sailing in Greece.

Task

When he/she comes in, ask what sort of holiday he/she is looking for. You will need details of possible dates, number of people involved, their ages, price range and previous experience.

You will have two or three alternative companies' brochures. Be prepared to answer his/her questions on the advantages and disadvantages of the various proposals — length of time, what exactly is included in the price (food? insurance? equipment?), what the travel arrangements are, what sort of entertainment is offered, suitability for children.

Preparation

Obtain English brochures in order to get an idea of how this sort of holiday is arranged. Write to French travel agents asking for similar brochures; obtain a French yachting magazine and write to suitable firms advertising such holidays.

Follow-up

Write a letter from Greece describing the holiday you finally chose, saying how it is going, whether you are enjoying it and commenting on the pleasures and disappointments.

Go home and have a conversation with your wife/husband/ friends about why you recommend a particular firm's holiday and why you rejected the others.

9   Guided tour of your home town

Situation

You are to be host to a director of a French firm who is on a business visit to your own company. You have arranged a busy programme for him (see assignments 5 and 6), but there is one day free. Your visitor has expressed the wish to be given a thorough tour of your town.

Task

Organise a route taking in the commercial and retail areas, industrial estates, the main residential areas, the recreational and entertainment facilities, educational facilities (schools, colleges, libraries, museums, galleries) and areas of special interest (markets, historical sites, great houses).

Your visitor will take a professional interest, rather than a touristic interest, in what you say and describe. Be prepared to answer questions on population; numbers in schools and colleges; social life: facilities, clubs and organisations; commercial and industrial activity, e.g. number of retail outlets, banks, building societies; main products and largest employer; in short, questions on the basis of the way the town earns its living.

Preparation

The local town guide should provide most of the facts and information you need in English. Many towns will have brochures in French obtainable from Tourist Information Offices or from the British Tourist Authority.

A town plan is essential but you will need to work out for yourself where the main centres of various activities are — residential areas, shopping centres and so forth. These could be marked using a colour code and your visitor could be taken on his 'tour' by reference to the plan. (If the coverage is considered too wide at first, agree a restricted selection of topics.)

Follow-up

Give a talk to the group on your local town and area as if to a group of visiting industrialists, using the plan to illustrate your points. Answer any questions from the floor. Produce a tape and slide presentation of your talk.

Alternatively, produce a short taped 'guided walk about town', giving details of sights and directions to the next point of interest, where the tape should be switched on again.

10   Job descriptions

Situation

This final assignment is designed to give you and your partner the chance to become familiar with as many types of job description as possible and so increase the range of your business vocabulary.

Imagine the social situation, perhaps at a hotel bar or at a party, where you strike up a conversation with another guest and ask each other questions about yourselves and your jobs.

Preparation

You and your partner will make lists of about 15–20 questions designed to elicit as much information as possible about another person and his job. You will ask about his main duties, his role in the firm and the firm's main products.

Both of you will also work out separately your own job descriptions — base your information where possible on job descriptions in advertisements in magazines and newspapers.

You will now both be in a position to engage in the type of social conversation described above.

Follow-up

At the end of each conversation write a summary in French of what you have learned about each other. Finally compare your summaries with the original job descriptions you both wrote.

WRITING

THE BUSINESS LETTER

2.1 Format

Business letters are usually written on paper with a printed letter-head. This gives more than just the name of the firm, offering two kinds of information:
(a) that required by law
(b) that needed by customers in order to make contact with the firm.

French law requires the following information to be shown:
- the commercial registration number. This is a fourteen-figure number called SIRENE (for an 'entreprise') or SIRET (for an 'établissement').
- a brief description of the nature of the business, as in the Memorandum of Association, e.g. Constructeurs d'Entrepôts.
- the legal status, e.g. S.A. (Société Anonyme).
- the amount of share capital.

French firms usually include some or all of the following information:
- address.
- Post Office Box Number (preceded by the initials B.P.).
- telephone number.
- telex number.
- telegraphic address.
- bank account number.

Here are the different parts of a letter. Note the positioning of each part.

Note Remember that the *inside address* is the address you are writing *to*. The date can be put *before* the inside address.

1 Letterhead/L'en-tête

2 Inside address/La vedette

3 References/Les références
4 Letter heading/L'objet   5 Date/La date
6 Enclosures/Les pièces jointes

7 Salutation/L'appel

8 Body of the letter/Le corps de la lettre

9 Complimentary close/Formule de salutation

10 Signature/La signature

Here is a letter from an engineering firm to a meat-processing business.

Refer to this letter and try to find the information asked for:
(a) Which firm is sending the letter?
(b) Which firm will receive the letter?
(c) Why is Monsieur Bougaud mentioned?

SUCCURSALE FRANCE
24, Bld. d'Evry
94260 FRESNES
Tél: 666-53-14
Siret 719 472 556 00092

CHAPTAL, S.A.
Zone Industrielle
56250 PONTIVY

N/Réf: ES/CB

Fresnes, le 3 mai 1995

A l'attention de Monsieur Bougaud

Monsieur,

Monsieur SALAUN regrette vivement de n'avoir pu vous rencontrer lors de votre dernier rendez-vous, mais il reste à votre entière disposition pour se rendre à Pontivy lorsque vous le désirerez.

Nous vous transmettons ci-joint un descriptif du principe de base pour fabrication de viande Comitrol. L'investissement global à prévoir pour une ligne de cet ordre est de 1 000 000 à 1 500 000 Fr.

Restant à votre disposition,

Nous vous prions d'agréer, Monsieur, nos salutations empressées.

Thompson Engineering

2.2   Translating into English

Phase 1

Although the body of the letter will demand most attention, nevertheless a preliminary look at the various headings can be helpful to the translator as these give an indication of what the letter contains and an idea of the register of language.

The letter-head, with its information on the line of business that the firm is engaged in, and also any enclosed documents, listed after the letters P.J. (*Pièces Jointes*: Enclosures) in the headings, may give clues as to the subject-matter of the letter to be translated.

Above all, the heading 'Objet' is the key, because here the reason for writing is stated, albeit briefly.

Task 1

From the information given below, what clues can you get as to the firm that is sending the letter and also the content?

```
LUCAS et FILS
(Articles de quincaillerie)
(Fondée en 1898)

Objet: Retard de livraison de
notre commande.
```

```
TRANSPORTS BERTRAND (LILLE)

Objet: V/Lettre du 9 mars.
```

```
TRANS-MONDE
(Exportation pour tous pays)

Objet: Envoi de documentation.

P.J.: 1: un catalogue.
```

Phase 2

Having now got some idea of what the letter is about, we can make a start on the translation.

The addresses will remain unchanged, of course, so our attention must move firstly to the references. The references appear either in full words:

Votre référence
Notre référence

or in abbreviated form:

V/Réf.   V/Référence
N/Réf.   N/Référence

The translations are, respectively,

Your reference
Our reference

The letter heading, shown as we have seen by the word 'Objet', is translated by the word 'Re.', a Latin word from an expression meaning 'concerning'.

The enclosures are indicated by the letters P.J. in the French version. This appears in the English translation as 'Enc.' or 'Encl.' The position of this heading is different. In the English version, it should be put at the foot of the letter on the left-hand side.

The salutation takes various forms in French, but the commonest are given below with the English equivalents:

Monsieur,   Dear Sir,
Messieurs,   Dear Sirs,
Madame, Monsieur,   Dear Sir or Madam,

The main thing to remember is not to omit the word 'Dear'.

Task 2

Here are the headings of a letter. Set out the information in English with the correct lay-out.

V/Réf.: AB/cd/85
N/Réf.: MD/rs
Objet: Réclamation
P.J. 1: Photocopie de v/facture
Monsieur,
    . . . .

Phase 3

Now comes the main task of translation: the body of the letter. It should be noted that French style in business correspondence can be elaborate. In translating we must not be tempted to copy this style. Avoid such pitfalls as translating:

Nous avons l'honneur de ...

as:

We have the honour to ...

Below are some examples of French usage, together with suggested English equivalents. The list is by no means complete and you may like to note down any others you come across in your work, building up a file of such phrases and their English equivalents.

1 Letters may start like this:
Nous vous accusons réception de votre lettre.
We have received your letter.
2 These simply mean 'please' or 'kindly':
Nous vous prions de (bien vouloir) ...
Veuillez ...
Veuillez avoir l'obligeance de ...
3 There are several ways of saying 'sorry':
(a) Nous sommes au (vif) regret de ...
We are (very) sorry to ...
C'est à regret que nous ...
Nous regrettons vivement ...
(b) Veuillez nous excuser de ...
Please forgive us for ...
4 Here are phrases for which you will use the translation 'We are pleased to ...':
Nous avons l'honneur de ...
Nous avons le plaisir de ...
C'est avec plaisir que nous ...
5 This phrase means 'May we ...?', used often in mild rebukes:
Nous nous permettons de (vous souligner) ...
(vous rappeler) ...
May we (point out) ...
(remind you) ...
6 In these phrases, note how English changes the structure:
Nous vous rappelons que ... May we remind you that ...
Nous vous serions reconnaissants de ... We would be grateful if you would ...
Nous vous annonçons que ... We can tell you that ...
Nous nous verrons obligés de ... We will be forced to ...
7 Sometimes the French version will need to be 'toned down' to less elaborate English.
(des circonstances) indépendantes de notre volonté ...
(circumstances) beyond our control ...

Nous sommes convaincus que ...
We are sure that ...
8 Finally, here are some commonly-used words and phrases. Note the simple translations.
Nous sommes en mesure de ...
We can ...
adresser/faire parvenir
to send
signaler/annoncer
to tell

Task 3

How would these sentences be best expressed in English?
(a) Veuillez nous adresser un tarif.
(b) Nous vous rappelons que nous attendons toujours livraison complète de notre commande.
(c) C'est à regret que nous nous voyons obligés d'annuler cette commande.
(d) Nous nous permettons de vous signaler que votre commande sera livrée dans les délais les plus brefs.

Phase 4

The final part of the letter is the complimentary close. This takes one of two forms — either a present tense verb:
Nous vous prions de ...
Nous vous présentons ...
or an imperative:
Veuillez agréer ...
Recevez ...
Agréez ...

Although the French have a multitude of sentences to choose from, the English equivalents are really only two in number, viz:
Yours sincerely,
Yours faithfully,
As to which to use, you will need to look at your translation of the salutation, back at the start of the letter. Simply put, if you started with 'Dear Sir(s)', then the complimentary close is 'Yours faithfully'. If you used any other salutation, then 'Yours sincerely' is needed.

Thus far the matter is straightforward. However, linked to the complimentary close you often find a brief phrase, a 'formule de politesse'. Here are some examples:

> Dans l'attente d'une réponse favorable.
>> Hoping for a favourable reply.
> Avec nos remerciements anticipés.
>> Thank you in advance.
> Avec nos regrets les plus sincères.
>> With our sincerest apologies.
> Dans l'attente de vous lire.
>> We look forward to hearing from you.

We must therefore take a careful look at the French complimentary close to see if a 'formule de politesse' is present and give it a separate translation.

Task 4

How would you translate these 'tops and tails' of letters?

1 Monsieur,

   . . . .

   Recevez nos sentiments distingués.

2 Monsieur,

   . . . .

   Veuillez agréer, Monsieur, l'expression de nos sentiments distingués.

3 Messieurs,

   . . . .

   Dans l'attente d'une réponse favorable, nous vous prions de croire, Messieurs, à nos sentiments les meilleurs.

Phase 5 – A vous maintenant!

Try this letter as a translation exercise. When you have finished, compare it with the translation which follows.

V/Réf.: GM/sa/85
N/Réf.: RD/xi/F
Objet: Paris,
Visite de représentant.   le 16 juin 1995

Messieurs,
   Nous avons l'avantage de vous annoncer par la présente que notre représentant, M. Paul DESCHAMP, passera chez vous sous peu, dans le but de vous soumettre nos nouveaux échantillons et dessins pour la saison prochaine. Nous nous permettons de croire que vous voudrez bien lui faire bon accueil et lui réserver vos ordres. Il va sans dire que vos ordres seront exécutés dans les plus brefs délais.
   Veuillez agréer, Messieurs, nos salutations empressées.

Your reference: GM/sa/85
Our reference: RD/xi/F
Re.: Visit of representative.   Paris, 16 June 1995

Dear Sirs,
   We are pleased to inform you that our representative, M. Paul DESCHAMP, will shortly be calling on you, in order to show you samples of our latest goods and our new designs for the coming season. We hope that you will welcome him and will wish to place orders with him. Naturally, your orders will be dealt with as quickly as possible.

   Yours faithfully,
   . . . .

2.3 Replying in French

Phase 1

The first task is to set out the headings of the letter, and so it may be helpful to look again at the lay-out of a letter.

The addresses

The address of *your* firm now forms the letter-head. The inside address is the address of the firm which sent the original letter and which will now receive your reply.

The following points should be noted when dealing with the inside address:

● The surname of an individual, the name of the firm and the name of the town should be written in capital letters.
● It is not usual to punctuate at the end of each line of the address.
● Abbreviations of Monsieur, Madame should be avoided.
● Ladies should, as a mark of courtesy, normally be addressed as Madame, even if unmarried.
● If the B.P. number is included, then after the town the word CEDEX should be written.
● If the letter is for the attention of a particular person in the firm, then 'à l'attention de (name)' should be added at the end of the address.

References

Notre référence: use the reference under 'V/réf.' of original letter.
Votre référence: use the reference under 'N/réf.' of original letter.
The words 'votre référence/notre référence' appear *either* as full words and in capital letters:
    VOTRE RÉFÉRENCE: A.D./M.G. 1842
    NOTRE RÉFÉRENCE: R.S./M.T.L. 1048
or in abbreviated form and in lower case:
    Votre réf.: A.D./M.G. 1842
    Notre réf.: R.S./M.T.L. 1048

1   Letterhead/L'en-tête

2   Inside address/La vedette

3   References/Les références

4   Letter heading/L'objet   5   Date/La date

6   Enclosures/Les pièces jointes

7   Salutation/L'appel

8   Body of the letter/Le corps de la lettre

9   Complimentary close/Formule de salutation

10   Signature/La signature

Each reference may appear *either* on one line, as above, *or* on two:

> VOTRE RÉFÉRENCE:
> A.D./M.G. 1842
> NOTRE RÉFÉRENCE:
> R.S./M.T.L. 1048

The letter heading

This states the reason for writing ('objet'). In French a noun is used rather than a verb:

> Envoi de ...
> Demande de ...
> Réclamation.

One line can be used:

> Objet: Envoi de catalogues.

or two, the first for the word 'objet' and the second for the fuller statement:

> Objet:
> Envoi de catalogues.

Sometimes the word 'objet' may be underlined.

It should be noted that the letter heading can appear as an underlined title, centrally placed after the salutation (Messieurs, etc.), without the word 'objet'. Here too, the use of the noun rather than the verb is preferred.

For examination purposes, it would usually be enough to give the original letter as the reason for writing:

> Objet: Votre lettre du 10 juin.

The date

As well as the date itself, it is usual to include the town from which you are writing. It is common to use *two* lines: the first for the town, the second for the day, month and year, written in full with no commas or abbreviations. Therefore, if you were writing from Paris on 26th June 1985, you would set out that information like this:

> Paris,
> le 26 juin 1985

Enclosures

The abbreviation P.J. is used and is followed by a figure — the total number of items enclosed. There then comes a brief indication of what these items are. For example, if you were sending with your letter a brochure and a photocopy, two items in all, you would write this:

> P.J. 2: une brochure
>   une photocopie

The salutation

This will take various forms, according to the addressee, and can be summarised thus:

> an individual: Monsieur, *or* Madame,
> a firm: Messieurs,
> an official of the firm addressed by his job-title: Monsieur le .....,

Note that the salutation ends with a comma and that, in the case of an official addressed on the envelope by his full job-title, this title is shortened. For example, a letter addressed to 'Monsieur le Directeur de la Production' would start 'Monsieur le Directeur'.

Task 1

From the following information, set out the headings as for a business letter in French.

1 Re.: Your bill of 29/2/85
   Your ref.: 6699/AD
   Our ref.: AJ/ap/80
   For the attention of the chief accountant.
   Date: 10th March 1985
   Their address: Rieu et fils, 3 rue de la Liberté, 39015 VIVIERS.

2 Re.: Your invoice of 16th June
   Date: 20th June
   Your ref.: GN/245
   Their ref.: xo/382
   Their address: Félix et Cie., rue du Pont, 33000 BORDEAUX

3 Date: 27th April 19..
   For the attention of M. André LAVAL
   Re.: delivery of bicycles
   Your ref.: SD/2435
   Their ref.: AZ/7/dd
   Their address: Vélomonde, 47 Boulevard Magenta, 75009 PARIS.

Phase 2

We are now ready to tackle the main part of the reply. Decide firstly on the presentation. Two kinds of lay-out are at present in use, called respectively French and American.

French presentation

In this lay-out, the salutation is indented and each paragraph *begins* directly beneath it, though returning to the margin as it continues.

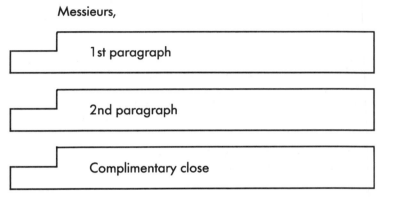

Messieurs,

> 1st paragraph
>
> 2nd paragraph
>
> Complimentary close

American presentation

In this lay-out there is no indentation, the salutation being lined up with block paragraphs.

Messieurs,

> 1st paragraph
>
> 2nd paragraph
>
> Complimentary close

Secondly, give some thought to the style. The style of the letter is to some extent a matter for individuals, but some guidance can be offered as to the usual practice. The key-note is simplicity:
- each sentence will express a single idea.
- each paragraph will be a single group of ideas.
- there will be no post-scripts.
- there will be no place for the Past Historic Tense as the Perfect Tense will replace it.

Thirdly, select an opening phrase, bearing in mind the circumstances of the reply as given in the instructions. An opening phrase can be selected quite easily, given the situation that has brought about your letter. Below are some situations and possible openings.

You have received a letter.	Nous vous remercions de votre lettre du 3 juin.
You are following up a telephone conversation.	Suite à notre conversation téléphonique du 12 mars…
You have received something, e.g. a bill/an order.	Nous accusons réception de…
You want the recipient to take action.	Nous vous serions obligés de bien vouloir…
You are following up a meeting.	Comme suite à notre entretien du 28 novembre…
You are late in replying.	Veuillez nous excuser de répondre avec un tel retard à votre lettre du 26 octobre.
You are answering a job-advertisement.	En réponse à votre annonce parue hier dans «Le Figaro», je…

Task 2

How would you start these four letters, following the above instructions?
1 Acknowledge the letter received.
2 State that the letter is in response to a phone call yesterday.
3 Apologise for the late reply to their letter of 14th May.
4 Thank them for the order received.

Fourthly, take each stage of the instructions for reply one at a time and work out how to express it in good French. There are some hints that can be given in order to make the process a little easier:
- Don't be afraid to borrow words and phrases from the original letter.
- Where the instructions use the passive form of the verb, try to word the French sentence starting with 'nous' or a noun. For

example, 'The goods will be sent' would become 'We will send the goods' and so in French:

Nous expédierons les marchandises.

It is of course impossible to give all the phrases that one will need for commercial correspondence but below are some examples of common words and phrases found in letters in French.

also	de plus
and	ainsi que
(we) can	il nous est possible de/nous sommes en mesure de
(we) cannot	il nous est impossible de
if (≠ whether)	au cas où (+ conditional)
to note	constater
please	veuillez/nous vous prions de
pleased	nous avons le plaisir de
to point out	souligner
we regret/are sorry	nous avons le regret de/nous regrettons que
to send	expédier/faire parvenir/adresser/communiquer
as soon as possible	dans les délais les plus courts/brefs
to tell/inform	informer/faire savoir/annoncer/faire part

Note delay = retard *not* délai (which means time taken).

Task 3

1 Put these sentences into French:
Thank you for your letter.
As we have already told you, there has been a strike.
Your letter has not been received.
We would be grateful if you would telephone.
Please reply as soon as possible.
2 Put this extract from a letter into French.
Dear Sir,

Thank you for your letter of 23rd March.

We are sorry to have to tell you that a fire in our factory has disrupted production. Also, the weather has held up supplies. Therefore, your order will be delivered at the end of the month. If this is not satisfactory, please inform us as soon as possible.

Lastly, you need to decide on a sentence for the complimentary close. There is an infinite number of ways of closing a letter in French. It is possible to distinguish between shades of feeling towards the recipient of the letter, as well as social position and commercial relationship.

An all-purpose complimentary close might be:

Nous vous prions d'agréer, Monsieur/Madame/Messieurs, l'expression de nos sentiments distingués.

The rest range from an expression which is polite but no more;

Recevez, Monsieur/etc., nos salutations.

through a more friendly formula:

Veuillez agréer, Monsieur/etc., nos salutations distinguées.

culminating in the gushing style of inferiors addressing superiors

Veuillez agréer, Monsieur le Directeur, l'expression de nos sentiments les plus dévoués.

It may be seen that the more polite you wish to be, the longer you make the closing phrase of the letter.

If deciding on a closing phrase proves difficult, then a possible solution is to use the one from the letter to which you are replying.

Often the complimentary close is preceded by a 'formule de politesse', such as:

Dans l'attente d'une réponse favorable,
Avec nos remerciements,

Task 4

Match each complimentary close with an appropriate situation.
(a) Recevez, Monsieur, nos salutations.
(b) Avec nos remerciements, nous vous prions d'agréer, Monsieur, l'expression de nos salutations distingués.
(c) Veuillez agréer, Monsieur le Directeur, l'expression de mes sentiments les plus dévoués.
(d) Dans l'attente d'une réponse favorable, nous vous prions d'agréer, Messieurs, nos respectueuses salutations.
(e) Nous vous présentons, Messieurs, nos meilleures salutations.

1 Letter from hopeful job-applicant, anxious to make a good impression.
2 A first letter from one firm to another.
3 A frosty letter from an aggrieved customer.
4 Letter from a firm, hoping for business.
5 A grateful letter.

The signature

This can have three parts:
1 the position held in the company by the writer (typed).
2 the actual signature (handwritten).
3 the initial and *surname* of the signatory (typed).

2.4 Assignments

1 GAUTIER ET DUCHÈNE

1 Acknowledge.
2 State that you are alarmed by the news of the increases and the brief notice given.
3 You think that 8% is too big a rise as this will harm your competitiveness since the rise will have to be passed on.
4 Ask them to reconsider this increase.
5 Remind them that rival firms are always keen to win your custom, though you would be sorry to be forced to stop dealing with them after so long a time.

Gautier & Duchène

SOCIETE DE
TRANSPORTS
FRIGORIFIQUES

244 Rte des Grèves
80000 AMIENS

Téléphone (22)91-45-11
C.C.P. AMIENS 6122-35
SIRET: 234 475 319 00017

Amiens, le 24 août 1995

Messieurs,

Les hausses successives qui grèvent notre profession, telles que augmentation du gazole, des charges sociales etc, nous conduisent et ce à partir du 1 er Septembre 1995 à augmenter nos divers tarifs de transports.

Afin de pouvoir poursuivre dans de bonnes conditions nos prestations à votre égard, et continuer de donner le service que vous attendez de notre part, nous appliquons à partir du 1 er Septembre 1995 une hausse de 8% permettant de pouvoir maintenir l'équilibre de notre exploitation.

Souhaitant toujours la faveur de vos ordres auxquels nous apporterons toute notre attention.

Nous vous prions d'agréer, Messieurs et Chers Clients, l'assurance de nos sentiments distingués.

GAUTIER ET DUCHÈNE

2 LAVAUDIER INDUSTRIE

1 Acknowledge.
2 Say that the catalogue was very useful but did not include details of the Dictionnaire Technique (Éditions Verrier) that you had asked for. Could these details be sent as soon as possible?
3 You would like to order the Dictionnaire de Métallurgie (ref. D/456).
4 The invoice should be sent to your place of work:

> Institut Walther
> 32 rue des Bergers
> 35000 RENNES

11, rue lavaudier- 75000 PARIS
tél. 256.93.59
télex 203.870

Mademoiselle M.A. DURAND
2, rue Jean Martin
62002 ARRAS

N/Réf. 22799 JHN/LM
P.J. Catalogues

Paris, le 8 février 1995

Mademoiselle,

Suite à votre lettre du 5 courant dont nous vous remercions, vous trouverez sous ce pli des catalogues qui, nous l'espérons, vous permettront de sélectionner des ouvrages correspondant à vos besoins.

Dès que vous nous aurez fait part de votre choix, nous vous adresserons un devis de façon à ce que vous puissiez accompagner votre première commande du règlement correspondant.

Nous vous prions d'agréer, Mademoiselle, l'assurance de nos respectueuses salutations.

Lefèvre

LAVAUDIER INDUSTRIE

département de
TECHNIQUE ET DOCUMENTATION

ccp paris 14-654-67 Y
sarl au capital de 20.000 F
siret 243 476 846 00066

3 GARAGE MAZET

1 Acknowledge.
2 Say that the car was bought for the M.D. of your firm and he is very pleased with it.
3 However, there are two small problems.
(a) The driver's manual is in English and refers to right-hand drive models. Please send French version.
(b) The seat-belts are set rather high: is it possible to lower them?
4 You feel sure that they will be able to deal with these problems.

GARAGE Michel MAZET
CONCESSIONAIRE CITROËN
101, rue des Fossés
22000 SAINT-BRIEUC
Tél. 33.04.06
C.C.P. 56.303.77

Monsieur J. BECQUEREL
Ets. BAUDOUX
22000 SAINT-BRIEUC

Saint-Brieuc, le 12 mars 1995

Cher Client,

Vous avez pris possession de votre voiture neuve depuis quelques semaines et nous sommes certains du plaisir que vous éprouvez à la conduire.

Nous souhaitons, tout d'abord, vous renouveler nos remerciements pour votre confiance et vous assurer de notre présence auprès de vous.

La prise en main d'un nouveau véhicule peut susciter un certain nombre de questions. Sachez donc que nous sommes là pour vous faire mieux connaître votre voiture. N'hésitez pas ... vous recueillerez le renseignement qui vous est nécessaire, ou le conseil et l'aide qui vous seront utiles.

Sachez aussi que nous mettons à votre disposition de nombreux services destinés à rendre encore plus facile votre vie automobile.

Pour vos contacts à la Succursale, veuillez noter:

— SERVICE COMMERCIAL   : Melle PREVOT
— RÉCEPTION ATELIER   : MM^{rs} COUSIN et NADAL
— PIÈCES DE RECHANGE
   OU ACCESSOIRES   : Mr PIATKOWSKI

Nous vous souhaitons "BONNE ROUTE en VOITURE" et vous prions d'agréer, Cher Client, l'expression de nos sentiments distingués.

LE DIRECTEUR,

B. Lesage.

4 TRANSPORTS MARCONNET

1 Acknowledge.
2 Thank them for the information on the services they offer.
3 Your firm would welcome a meeting to discuss how Transports Marconnet might help.
4 Suggest 15th Dec. 2p.m. as possible date.
5 Would welcome the chance to see the audio-visual display that they used when they visited GOUDARD et Cie. last month.

TRANSPORTS MARCONNET

QUAI DE NORMANDIE
50100 CHERBOURG
FRANCE
Télex: 120485 F
R.C. Cherbourg 312 343 132-54 B
Capital: 25800 FRS Tél: (33) 53-45-57

UNIGAM
Abattoire
B.P. 368
56300 PONTIVY

Cherbourg,
le 26 novembre 1995

Messieurs,

C'est avec plaisir que nous avons fait connaissance de votre entreprise et nous vous remercions de votre chaleureux accueil lors de notre visite sur votre stand au S.I.A.L.

Nous souhaitons retenir votre attention sur les services que nous vous avons déjà offerts. Notre principale activité est le transport international par véhicules frigorifiques. Nos véhicules circulent particulièrement en Italie, Espagne, Grande-Bretagne, Belgique et Pays-Bas. Nous sommes en mesure d'organiser la circulation de vos marchandises, soit à l'import, soit à l'export, à partir ou à destination de l'un de ces différents pays.

Notre parc dispose également de véhicules bâchés de 12 mètres déservant l'Italie, la Grande-Bretagne et l'Allemagne. Un véhicule de 4 tonnes est spécialisé pour le transport exprès porte-à-porte entre Paris et le Sud de la Grande-Bretagne; chaque semaine, il assure cet itinéraire pour des petites expéditions groupées.

Pour toutes informations complémentaires, n'hésitez pas à nous contacter, c'est avec plaisir que nous répondrons à vos différentes questions. Nous vous assurons notre meilleure attention et notre coopération à tout moment.

Veuillez agréer, Messieurs, l'expression de nos sentiments les meilleurs.

Grenier

Gérant.

5 FÉDÉRATION DES FABRICANTS D'AUTOMOBILE DE FRANCE

1 Acknowledge.
2 We found the documentation useful and novel. It will be helpful in our dealings with firms and organisations abroad.
3 Please send further copies if possible for forwarding to our offices abroad.

FÉDÉRATION DES FABRICANTS D'AUTOMOBILE DE FRANCE

62, Boulevard Edmond-Rostand
92200 NEUILLY-sur-SEINE

Direction de l'information et des
relations publiques 759.22.01   télex: 523.77

Monsieur le Directeur des relations
    internationales
C.C.I.
14 rue Châteaubriand
75008 PARIS

N/Réf.: DRP/MED/4   Neuilly, le 27 juillet 1995

Monsieur,

La Direction de l'Information et des Relations Publiques vient de mettre au point un corpus de renseignements sur les unités de production d'Automobiles Citroën. A notre connaissance ce mode de présentation n'a jamais été réalisé à ce jour.

En cette période où le grand public porte un intérêt évident à ce qui se passe dans nos usines, ce système d'information nous a paru judicieux car il permet de répondre à son attente de façon objective, précise et toujours conforme à l'actualité.

Nous vous envoyons ci-joint un exemplaire de ce document, pensant qu'il pourra vous intéresser. En cas de modifications de l'une de ces fiches nous vous la ferons parvenir pour mise à jour.

Veuillez agréer, Monsieur, l'expression de nos sentiments les meilleurs.

Mouret

Directeur de l'Information
et des Relations Publiques

6 CARIBOL S.A.

1 Acknowledge.
2 Say that you wish to discuss certain aspects of the job agreement, particularly in respect of part-time female workers.
3 Suggest a time and date and ask for confirmation of their suitability.

CARIBOL S.A.
Zone Industrielle
B.P. 59
56320 PONTIVY CEDEX
Tél: (97) 22.01.44
RCS LORIENT B 443 587 121 (32 N 43)

INSPECTION DU TRAVAIL ET
    DE L'EMPLOI
cité Administrative
56020 VANNES

Pontivy, le 8 novembre 1995

Monsieur l'Inspecteur,

    Suite à votre courrier du 4 novembre 1995,
nous vous prions de trouver ci-joint:

— la convention d'emploi,

— programme détaillé des embauches.

    Vous en souhaitant bonne réception,

    Nous vous prions d'agréer, Monsieur
l'Inspecteur, l'expression de nos sentiments distingués.

C Bernier

7 S.O.V.I.

1 Acknowledge.
2 Apologise for the delay, but it seems that the reorganisation of the accounting systems in your firm and computerisation have been the cause.
3 Promise urgent action to settle the matter.

S.O.V.I.

B.P. 55 Zone Industrielle   Tél: (97) 22.01.44
56002 PONTIVY CEDEX   RCS LORIENT B 463 179 312 (67B44)

A.N.T.O.L.
37 Avenue C. De Gaulle

69300 CALUIRE

Pontivy, le 16 janvier 1995

Messieurs,

    Nous constatons que la traite concernant la facture n° 454 N.M.B. pour un montant de 6.282 F., échéance 10/2/94, ne nous a pas été retournée.

    Pouvez-vous faire le nécessaire afin que ce retour s'effectue dans les meilleurs délais.

    D'avance nous vous en remercions,

    Et vous prions d'agréer, Messieurs, l'expression de nos sentiments distingués.

8 COMPAGNIE NATIONALE DE NAVIGATION

1 Acknowledge.

2 State that all your lorries will henceforth be equipped with their own electric leads, though such a requirement was not stated in the shipping company's documentation.

3 Say that you hope that these measures are satisfactory.

**COMPAGNIE
NATIONALE
DE NAVIGATION**
QUAI D'ALGÉRIE
13000 MARSEILLE
Tél: 63.73.11
Télex: 52.340

N/Réf: 2461/MH

C.T.A.N.
rue de la Joliette

Objet: Conditions chargements
des camions

13219 MARSEILLE

Marseille, le 9 avril 1995

Messieurs,

Comme suite à notre communication téléphonique de ce jour, relative aux chargements des camions.

Nous vous prions de bien vouloir noter que pour des raisons de sécurité à bord des car-ferries pendant la traversée:

— Qu'il est nécessaire et cela afin d'assurer une réfrigération continue des camions frigorifiques de prévoir une prise de courant pour permettre le branchement direct avec l'énergie électrique du navire, les moteurs diesels ne pouvant pas être utilisés durant les voyages.

Nous vous demandons de bien vouloir nous informer des mesures que vous voudrez bien prendre en ce sens.

Avec nos remerciements, veuillez agréer, Messieurs, nos salutations distinguées.

Le Représentant Passages:

J. R. Janvier

9 THOMPSON ENGINEERING BV

1 Acknowledge.
2 State that their system would seem to be suitable.
3 Their system is one of three being considered by your company. Invite them to make a more detailed proposal and submit this as soon as possible.
4 Ask them particularly to quote a price and completion date.

SUCCURSALE FRANCE
24, Bld. d'Evry
94260 FRESNES
Tél: 666-53-14
Siret 719 472 556 00092

DOLMAIN S.A.
Zone Industrielle
53250 MAYENNE

N/Réf: ES/CB

Fresnes, le 15 décembre 1995

A l'attention de Monsieur Bouvier

Monsieur,

Faisant suite à votre demande, nous vous transmettons ci-joint documentation sur la ligne COMITROL.

Les prix indiqués sont donnés à titre indicatif mais il est bien entendu que nous sommes à votre entière disposition pour établir une offre détaillée et précise.

Dans cette attente,

Nous vous prions d'agréer, Monsieur, nos salutations empressées.

Thompson Engineering

AUTOMOBILE-CLUB DE L'ALSACE-LORRAINE

Siège social: Circuit de l'Est 67000 STRASBOURG
Téléphone: (88) 34.09.01 télex: ACAL 67035 C.C.P. 78.11 Strasbourg

M. J.S. BURTON
14 Kelton Avenue
NOTTINGHAM
Grande-Bretagne
Strasbourg, le 8 février 1995

Monsieur,

Nous vous accusons réception de votre demande de réservation de billets pour le ''Grand Prix de l'Est'' et vous en remercions.

Cette location ne deviendra effective qu'à la réception d'un acompte équivalent à 25 % du montant de votre commande, soit 300FF.

3 Places de loge Tribune, n° 4 (3à5) à 120 FF	360 FF
3 ENCEINTES GÉNÉRALES, Série A, à 250 FF	750 FF
1 PARC RÉSERVE ''ROUGE'', N° A9—18, à 90 FF	90 FF
	1.200 FF

L'envoi des billets aura lieu début juin. Nous vous serions très obligés de bien vouloir effectuer le solde de votre paiement avant cette date. Nous vous signalons que les billets non utilisés ne pourront être repris après le 8 juin et seront facturés.

Dans l'attente de vous lire,

Nous vous prions d'agréer, Cher Monsieur, l'expression de nos sentiments distingués.

Le Service Location

C. V. Citroën

P.S.: Nous vous précisons qu'en ce qui concerne le règlement, vous pouvez soit faire parvenir un chèque en Francs Français, ou bien effectuer un virement à notre compte ouvert à:

SOCIÉTÉ GÉNÉRALE DE LONDRES
P.O. Box 333
60 Gracechurch Street
LONDON
EC3V 0HD

N° de compte : 010 112 00

10   AUTOMOBILE-CLUB DE L'ALSACE-LORRAINE

1   Acknowledge.
2   State that payment will be through the SOCIÉTÉ GÉNÉRALE DE LONDRES.
3   Thus, the deposit of 300F has been paid and the balance will be paid in May.
4   Say that you look forward to receiving the tickets in June.

USING A DICTIONARY

Using a dictionary is a difficult skill and has to be learned like any other. A dictionary is not the answer to the language student's problems; it is a useful tool, not unlike a calculator, which, when used with care and common sense, may well yield correct information for the task in hand. It may also yield incorrect information. The skill is to judge the likelihood of the information being correct or incorrect.

To illustrate this, look up the English word 'fall' in a good English dictionary. You may find fifty or more meanings listed under its function as a verb alone. Only the context or the 'sense group' in which the word is used can give a clue as to which of these meanings is appropriate.

With phrases the problem is equally confusing. The instruction 'Draw the curtains' might involve the use of a pencil, or it might not. 'Pommes frites' are not what they seem, since no one normally eats fried apples with their steak. Sometimes whole phrases taken literally mean the opposite of what they appear to mean. The expression 'I can't wait to see you again' may leave a visitor wondering whether you will be at home when he calls.

In a very short time you can compile a long list of these apparent nonsenses. Often they are highly amusing; this is hardly surprising since it is the very ambiguity of language which is the comedian's stock-in-trade when making up jokes and puns.

The word 'list' is important here since it implies a lack of context. Words only make sense when judged by 'the company they keep'. This is a most important factor to bear in mind when using a dictionary. It is always essential to know the exact context of the word or expression used before attempting to find the foreign equivalent. Even apparently simple nouns can cause problems — a 'sheet' means something very different to a dinghy sailor and a chamber-maid. In French 'terrible' can mean very good *or* very bad.

Uses of the dictionary

There are two main uses of the French—English dictionary in our field:

1   to help us understand in English the meaning of a passage in French.
2   to help us turn an English phrase into an equivalent French phrase.

The first can be done for the most part successfully by the intelligent and observant student. The second is far more difficult and you will need the help of an experienced linguist to judge whether you have been successful. It requires detailed grammatical knowledge to be fully effective. In this section we shall deal mostly with the first usage.

Sense groups

When deciding to look up a word, it is important to identify which 'sense group' it is part of. For example, look at the passage in English below. The vertical lines indicate sense groups. If read aloud with a slight pause at each vertical line the passage will be readily understandable to a listener even if a little staccato in delivery:

'It was immediately darker | and cooler | inside. | The bar had a flagged floor | and bare stone walls | decorated with shields, | bearing the Sutcliffe coat-of-arms. | A brass urn | engraved with the same insignia | concealed the cold ashes | in the grate, | and above the mantelpiece | a framed family tree | traced the Sutcliffe family | back to the eleventh century. | There were three customers in the room, | two of them were sitting separately | on the cushioned wall bench, | talking to the land-lord | who was standing behind the bar.' |

The Gamekeeper, Barry Hines (Michael Joseph, London)

Now re-read the same passage aloud, this time pausing only at the new positions of the vertical lines:

it was | immediately darker and | cooler inside the | bar had a flagged | floor and bare | stone walls decorated | with shields bearing | the Sutcliffe coat | -of-arms a brass | urn engraved with the same | insignia concealed the | cold ashes in the | grate and above | the mantelpiece a | framed family | tree traced the | Sutcliffe family back | to the eleventh century there were three | customers in the | room two of | them were sitting | separately | on the cushioned wall | bench talking to the | landlord who | was standing behind the | bar

From this extreme example it can be seen easily that words ng together, that they have connections and relationships which are apparent to the native speaker, but which are more difficult to discern in a foreign language.

Aids to looking up

There are various aids and clues which help us decide likely sense groups when confronted with a passage of French. If we can determine the rôle of an individual word in the sense group we are then able to use this knowledge to look up a word in a dictionary with more likelihood of success.

The first clue is the punctuation. Commas, colons, semi-colons, full-stops, dashes, speech-marks, question marks, exclamation marks convey information to help the reader decipher the passage. Often they help him know when to pause for breath as well as indicating the end of a sense group, phrase or sentence. The absence of punctuation in the second version of the passage above helped to make it more difficult to understand.

The second clue is the structure of the sentence. It helps greatly if the reader of a passage in French can identify some of the basic grammatical functions of the words in front of him. In order to be able to look up a word in a dictionary the translator must at least be able to determine whether the word is functioning as a noun, a pronoun, an adjective, a verb, an adverb, or a preposition. It is useful to know whether the noun or pronoun is the subject or object in the phrase.

If you are unsure of these basic grammatical terms, now is the time to sort them out with your tutor.

Thirdly, whatever dictionary you are using, make yourself familiar with the abbreviations so that you can look for the word in question in the correct section below the head-word.

Two more points should be mentioned before you work on the extracts below. Always examine the verbs carefully to try to determine the tense. If the verb is irregular you may have to look in the verb section (often at the end of your dictionary) in order to discover the infinitive of the verb, since verbs can only be looked up in their infinitive form. Finally, remember to look beyond the head-word in your dictionary. If your word is part of an idiomatic phrase, the whole phrase will often be given further down the page.

Example passage

> # DANEMARK
> ## LE PARLEMENT HOSTILE AUX EUROMISSILES
>
> Pour la troisième fois, le Parlement danois a ordonné au gouvernement
> — qui ne dispose pas d'une majorité parlementaire — de se dissocier du
> programme de déploiement de nouveaux missiles nucléaires en Europe.
> La coalition minoritaire n'a pas encore fait savoir si le gouvernement
> entendait démissioner après ce vote d'une résolution social-démocrate.

Here is an example of the analysis and dictionary work needed to translate the passage above. (All references are to Collins Robert French–English English–French Dictionary.)

Sentence one

Pour la troisième fois	preposition + article + adjective + noun(f)
le parlement danois	article + noun(m) + adjective
a ordonné	verb + past participle of –er verb *ordonner*, in perfect (have) tense
au gouvernement	*au* could mean 'to the' but it is here only because it follows ordonner (see entry b)
— qui ne dispose pas	— dash indicates parenthesis relative (which) verb (–er) in negative
d'une majorité parlementaire —	preposition + article + noun + adjective, end of parenthesis
de se dissocier	*de* goes back to the verb *ordonner* (see entry b) + reflexive verb
du programme de déploiement	*de* + *le* + noun + *de* + noun; *du* (here) = from the
de nouveaux missiles nucléaires	of + adjective + noun + adjective
en Europe	preposition + noun

Verbs: ordonner + à + person/group
+ de + verb in infinitive; see entry (b)
disposer + de + noun; see entry 3
se dissocier + de + noun; see entry 2
Words to consider: nouveaux = 'new' or 'more'?

Sentence two

La coalition minoritaire	article + noun + adjective
n'a pas encore fait savoir si	negative + perfect tense (*faire*) + adverb + infinitive + if
le gouvernement entendait démissionner	article + noun + verb (imperfect) + infinitive
après ce vote	preposition + adjective + noun(m)
d'une résolution social-démocrate	de (of? from? on?) + article + noun + adjective

Difficulties:	faire + savoir	entry (b) under *faire* may give a clue to meaning. Entry 1a under *savoir* provides more clues
	entendre	entry (d) to intend, mean What tense in English?
	de	does 'of' or 'from' fit here?
	encore	'yet' or 'again'?

Suggested translation

DENMARK
PARLIAMENT HOSTILE TO EUROMISSILES
For the third time the Danish parliament has ordered the government — which does not have a parliamentary majority at its disposal — to dissociate itself from the programme to deploy more nuclear missiles in Europe. The minority coalition has not yet let it be known if the government intends to resign following this vote on a motion proposed by the Social Democrats.

Tasks

Read the extracts which follow. Discuss where you would put in the vertical lines indicating sense groups. Then:

1   List all the verbs, identify the tense and give the infinitive.
Identify the subject and objects of the verb.
2   List any article—noun—adjective groupings.
3   Translate, using a dictionary.
4   Comment on any phrases or words which gave you
particular difficulty.

L'HOMME DU JOUR

DIRECTEUR de l'équipe communication de Jacques Chirac, le publicitaire Elie Crespi est né en 1922 à Paris. Il est le fils d'un négociant.

Il fit ses études au lycée Colbert et à la faculté des Sciences avant de débuter en 1946 chez Publicis. Il présida en 1977 la Fédération des agences-conseils en publicité et il est le président honoraire de la Fédération française de publicité.

Marié et père de trois enfants, il est chevalier de la Légion d'honneur et de l'ordre national du Mérite.

COTE

SECRÉTAIRE d'État chargé de la Santé, Edmond Hervé voit sa cote personnelle monter régulièrement à l'Élysée.

Bien qu'il appartienne à la tendance du C.E.R.E.S., ce juriste qui enseigna à la faculté de droit de Rennes est sans doute appelé à exercer dans un proche avenir des responsabilités gouvernementales plus importantes.

Ayant beaucoup étudié l'histoire du mouvement ouvrier français, il pourrait être appelé à succéder à Bérégovoy aux Affaires sociales si « Béré » changeait d'affectation.

STRATÉGIE

FINALEMENT, les dirigeants du R.P.R. et de l'U.D.F. n'ont aucune raison d'annoncer trop tôt leur stratégie pour les élections européennes.

Ils croient en effet savoir que le gouvernement se réserve de maintenir ou de modifier le scrutin actuel selon que l'opposition présente une ou deux listes.

S'il y a une liste unique, le scrutin sera peut-être régionalisé.

En conséquence, il est jugé plus habile de laisser planer l'incertitude aussi longtemps qu'il sera possible.

FITERMAN PRÉFÈRE LE TRAIN

JEAN-FRANÇOIS PINTAT, sénateur républicain indépendant de la Gironde et rapporteur spécial du budget de l'aviation civile au Sénat, regrette que l'aviation civile soit un secteur négligé par le ministre Fiterman. Le fait que le ministre n'ait consacré qu'une minute environ à l'aviation civile dans son exposé introductif de quarante minutes sur l'ensemble de son budget au Sénat, en est la démonstration éloquente.

Alors qu'Air France connaît des difficultés et que la construction aéronautique est menacée d'une grave crise (l'Airbus 320 est toujours « en panne » !), il est surprenant que M. Fiterman se contente devant le Parlement de parler uniquement des chemins de fer et des canaux navigables …

Téléphone public: la communication à 1 F

Les communications téléphoniques intra-urbaines données à partir des cabines publiques passent de 0,50 F à 1 F en province.

D'ici la fin du mois de janvier, cette nouvelle tarification pour les communications intra-urbaines sans limitation de durée sera appliquée dans l'ensemble du pays. Pour les appels inter-urbains, la taxe de base passe de 0,50 F à 0,70 F. Ce nouveau tarif devait entrer officiellement en vigueur le 1er janvier seulement et l'Union fédérale des consommateurs proteste contre une application plus rapide que prévue de cette mesure. Les P.T.T. répliquent qu'ils ne peuvent modifier la tarification de dizaines de milliers de cabines en une seule nuit et font remarquer que la nouvelle taxation débute en avance dans certaines villes, mais en retard dans certaines autres.

Pays basque: des inculpés d'« injure au roi » acquittés

Seize dirigeants de Herri Batasuna, la coalition qui sert de couverture politique au mouvement indépendantiste E.T.A. militaire, ont été acquittés du délit d'« injure au roi » et simplement condamnés à des peines de 3 à 5 mois de prison et à des amendes de 20 000 à 50 000 pesetas.

Ces seize dirigeants, tous députés à l'assemblée provinciale basque, avaient hué le roi lors de sa visite protocolaire au parlement de Guernica, et l'avaient empêché de prendre la parole en chantant, le poing levé, l'hymne basque « Eusko Gudariak ». S'ils avaient été reconnus coupables d'« injure au roi », ils auraient encouru une peine supérieure à six ans et un jour de prison, ce qui, aux yeux des observateurs à Madrid, aurait risqué de faire d'eux de nouveaux « martyrs » de la cause indépendantiste et aurait sans doute renforcé l'audience de Herri Batasuna et de l'E.T.A. militaire.

Charbon: manque d'appréciation selon Auroux

Le gouvernement « a mis beaucoup d'espoir dans le charbon », et les résultats « n'ont pas été à la hauteur de nos espoirs et de nos espérances », a déclaré le secrétaire l'Etat à l'Energie, Jean Auroux.

Interrogé sur l'abandon d'un objectif de production charbonnière nationale de 30 millions de tonnes (la production sera d'environ 18,5 MT), M. Auroux déclare que le gouvernement a « peut-être manqué d'appréciations économiques ». Mais, ajoute-t-il, « nous avons trouvé un outil très dégradé, un héritage extrêmement lourd ».

Forum à H.E.C.

Pour l'élimination des « canards boiteux »

Il faut éliminer des canards boiteux. Ils sont la principale cause du retard accumulé par certains pays développés. C'est, en résumé, ce qu'ont exprimé les experts internationaux réunis à Jouy-en-Josas par l'école H.E.C. afin de porter un jugement sur l'état financier des entreprises des pays industrialisés. L'expression « canard boiteux » n'a pas été employée expressément dans la mesure où la plupart des orateurs parlaient en anglais et le concept « limping duck » n'est guère utilisé dans les pays anglo-saxons.

Cette réunion à l'École des hautes études commerciales s'est tenue pour célébrer le dixième anniversaire du programme international de management. Une institution qui permet à une trentaine d'élèves de suivre leur dernière année scolaire dans les meilleures écoles et universités d'Amérique et d'Europe. La célébration de cet anniversaire était surtout l'occasion de rappeler que l'école H.E.C. est tout à fait consciente des nécessités de développer le commerce extérieur français. A ce titre, la création d'une « école nationale d'exportation » est tenue en piètre estime par certains responsables d'H.E.C. qui se demandent comment on peut être à la fois « d'exportation » et « national ».

Vincent GÉRARD.

LISTENING

POINTS DE REPÈRE

The brief newspaper articles which follow are authentic extracts from *Le Figaro*. They can be used for listening or reading comprehension, as discussion starters, or for practice in reading aloud.

The occasional changes to italic type are simply newspaper style designed to provide visual variety and have nothing to do with emphasis.

Points de repère 1

Concours pour deux nouvelles pièces de 10 et 100 F

L'administration des Monnaies et des Médailles lance un concours entre les artistes de toutes nationalités résidant habituellement en France pour dessiner les deux nouvelles pièces qui seront émises l'année prochaine: une de 10 F pour célébrer le centenaire de la mort de Victor Hugo et qui prendra sa place dans la monnaie courante mais en nombre limité comme les 10 F de Gambetta, de la conquête de l'espace, de Stendhal et celle de cette année, la pièce de Rude, qui va être toutefois tirée à dix millions d'exemplaires.

L'autre pièce sera la deuxième de 100 F, la première gravée pour commémorer Marie Curie devant être fabriquée à partir de la rentrée à quatre millions d'exemplaires. La pièce de 100 F de l'année prochaine devra commémorer la parution du roman d'Emile Zola « Germinal ».

Delta Air Line souhaite assurer quatre vols hebdomadaires Paris-Atlanta

Le transporteur américain Delta Air Line assurera quatre vols hebdomadaires directs entre Atlanta et Paris à partir du printemps si l'autorisation des autorités françaises et américaines lui est accordée, vient d'annoncer la direction de la compagnie.

Delta Air Line offrira également à compter du 15 décembre un vol quotidien entre Atlanta et Honolulu avec une escale à Dallas (Texas), a précisé la direction.

I.B.M.-France s'agrandit

I.B.M.-France a décidé d'agrandir son usine de composants électroniques de Corbell-Essonnes — la plus importante de toute l'Europe — en construisant un nouveau bâtiment de 15 000 m² et en créant 200 emplois supplémentaires, indique le groupe. Ce bâtiment sera opérationnel dans deux ans et permettra d'augmenter la capacité de production de l'usine qui représente déjà le tiers de la production mondiale de composants d'I.B.M. La majeure partie de la production est exportée et cette unité de 150 000 m² emploie déjà 4 000 personnes.

«Concours pour deux nouvelles pièces de 10 et 100 F»

1 What is the object of the competition organised by the French Mint?
2 Who is eligible to enter?
3 What will the design for next year's 10 franc coin commemorate?
4 Which 10 franc coin designs have already been issued?
5 Give details of the subject of the first 100 franc coin and of the one to appear next year.

References to follow up: L'Administration des Monnaies et des Médailles, Victor Hugo, Stendhal, Rude, Gambetta, Marie Curie, Emile Zola
Vocabulary: concours, pièce, monnaie courante, rentrée, exemplaire

«Delta Air Line souhaite assurer quatre vols hebdomadaires Paris-Atlanta»

1 Give details of what the airline proposes
   (a) for the spring
   (b) from December.

Vocabulary: hebdomadaire, quotidien, escale

«I.B.M.-France s'agrandit»

1 What decision has the company taken? What does the company manufacture?
2 Give details of the size of the factory and the number of new jobs to be created.
3 When will the building be completed?
4 What advantage will it bring the company?
5 What share of the total I.B.M. production in the world does the factory make?

Vocabulary: composants, important, unité

CUIR: La proche renaissance de Saint-Junien

La mode aidant, les mégissiers et gantiers de Saint-Junien (Haute-Vienne) voient avec satisfaction refleurir ces activités traditionnelles de la «cité gantière». Après être tombée bien bas — 400 000 paires en 1980 — la production est repartie en 1983 (600 000 paires) et les professionnels estiment qu'elle aura progressé de 15 %. On est loin cependant des 2 400 000 paires de gants produits en 1964.

Les perspectives techniques de découpe au laser et de couture robotisée que les professionnels s'apprêtent à mettre en place au prix de lourds investissements leur donnent à penser que Saint-Junien se ressaisit face à ses concurrentes: Millau (40 % de la production), Niort (25 %), Grenoble (3 %). Saint-Junien (30 %) poursuit sa production de luxe et en exporte 15 %.

TRANSPORTS: taxe autoroutière, discussions franco-suisses

Pour Paul Quilès, ministre de l'Urbanisme, du Logement et des Transports, «la taxe décidée par les autorités suisses pour les poids lourds représente une charge très lourde pour les transporteurs, notamment français. Il s'agit même d'une menace importante pour le développement du trafic routier international».

Des discussions officielles vont avoir lieu, cette semaine, entre les autorités françaises et les autorités suisses. «Il est urgent, a-t-il souligné, de trouver, par tous les moyens, une solution pour supprimer les aspects discriminatoires de cette taxe, et je veux croire que les contacts bilatéraux permettront de dégager cette solution».

ÉLECTRICITÉ: Tapie majoritaire chez Wonder

Bernard Tapie est désormais majoritaire dans la Société des piles Wonder: son groupe détient 50,42 % du capital, a indiqué hier la Chambre syndicale des agents de change. Le groupe Tapie a acheté le 24 septembre 105 108 actions au groupe familial Courtecuisse-Brouillet et la Banque Worms lui a cédé 30 000 actions le 22 septembre. La cotation des piles Wonder sera reprise le 12 décembre. Bernard Tapie s'engage à intervenir sur le marché au comptant de la Bourse de Paris pendant quinze jours pour que l'action ne tombe pas en dessous de 115 F. Il a précisé hier que Wonder investira 40 millions l'an prochain et versera 60 millions d'indemnités de licenciement.

Points de repère   2

«Cuir»

1   What has brought about this 'renaissance' for the industries of Saint-Junien?
2   At its height, what was the total production?
3   How has modern technology invaded the traditional methods of production?
4   Which end of the market does Saint-Junien concentrate on?

References: Haute-Vienne, Saint-Junien, Millau, Niort, Grenoble
Vocabulary: mégissier, gantiers, robotisé

«Transports»

1   Why should a Swiss tax upset the French?
2   What threat does it pose, according to the minister?
3   What steps are being taken by the two countries?

«Électricité»

1   What percentage of the shares does Bernard Tapie now hold?
2   What action will Tapie take on the Paris Stock Exchange?
3   For what purpose will Tapie use the 60 million francs mentioned?

References: la Bourse
Vocabulary: majoritaire, agent de change, action, cotation, marché au comptant

Points de repère 3

Edouard Leclerc vendra des vins de l'Aude

La commission d'urbanisme commercial de l'Aude ayant autorisé la réouverture du centre E. Leclerc de Carcassonne, Edouard Leclerc a décidé de reprendre la vente des vins de cette région.

Il invite les producteurs et caves coopératives à reprendre contact avec les centres Leclerc de manière à étudier les moyens de rattraper les ventes perdues. Toutefois, déclare-t-il, la levée de cet embargo sera remise en cause si le permis de construire n'était pas délivré dans les délais les plus brefs et si un recours venait annuler l'autorisation d'ouverture.

«Edouard Leclerc vendra des vins de l'Aude»

1 What decision has been taken by the commission?
2 How has Leclerc responded to this decision?
3 Who has he invited to contact him and for what purpose?
4 Under what two conditions has he stated that he has lifted his embargo?

References: L'Aude, Carcassonne, Centres E. Leclerc, caves, coopératives, centres commerciaux/distributeurs, hypermarchés
Vocabulary: recours

Edmond Maire réclame le maintien du pouvoir d'achat

Edmond Maire a déclaré avoir « fermement » réclamé du gouvernement le maintien du pouvoir d'achat des retraites et des prestations familiales dont le retard atteindra, selon lui, 3 % à la fin de l'année.

Le secrétaire général de la C.F.D.T., qui s'exprimait à l'issue d'un entretien de deux heures avec le ministre des Affaires sociales, Mme Georgina Dufoix, a ajouté que sa centrale était pour « le maintien du pouvoir d'achat de tous les salariés en France ».

M. Maire a par ailleurs rappelé que la C.F.D.T. revendiquait la possibilité de partir à la retraite avant soixante ans pour les travailleurs totalisant au moins quarante ans de cotisation.

«Edmond Maire réclame le maintien du pouvoir d'achat»

1 What has Edmond Maire demanded of the government?
2 By how much will these payments have lost their value?
3 Whom did Edmond Maire meet and for how long?
4 What is the general policy of the union?
5 Of what further demand did Edmond Maire remind the minister?

References: Edmond Maire, C.F.D.T.
Vocabulary: retraites, prestations, cotisation, salariés, pouvoir d'achat, centrale

Un nouveau central téléphonique français inauguré près du Caire

Le premier central téléphonique d'un important contrat comprenant notamment quinze centraux vient d'être mis en service et inauguré dans la ville de Zagazig, à l'est du delta du Nil, entre Le Caire et Port Saïd. Cette installation électronique de la gamme II F de Thomson a une capacité de quinze mille lignes et a été réalisée en dix-huit mois.

Le contrat prévoit neuf autres centraux (quatre-vingts mille lignes au total), des faisceaux hertziens, un centre de formation dans le delta du Nil, six autres centraux (quatre-vingt-seize mille lignes) et un réseau de câbles d'abonnés et de transmissions pour la ville d'Alexandrie.

«Un nouveau central téléphonique français inauguré près du Caire»

1 What has just been opened in Zagazig?
2 How long did the project take and what is the capacity?
3 List the details of the contract.

References: Thomson
Vocabulary: central, gamme, faisceaux hertziens, centre de formation, réseau, abonné

INDUSTRIE: un certain optimisme, sauf pour l'emploi

Les enquêtes de l'I.N.S.E.E. se suivent avec de légères différences d'appréciation. A la fin de la semaine dernière, l'enquête mensuelle de l'I.N.S.E.E. dans l'industrie montrait que la demande totale se dégarnissait un peu et que l'activité «augmenterait à un rythme ralenti au quatrième trimestre». L'enquête trimestrielle dans l'industrie de l'I.N.S.E.E., publiée hier, est beaucoup plus optimiste. Les industriels interrogés indiquent qu'«au troisième trimestre de cette année la demande globale a augmenté» et que «cette croissance se poursuivra d'ici à la fin décembre». L'I.N.S.E.E. précise que, de début juillet à fin septembre, la demande a progressé «essentiellement dans les biens d'équipement professionnel, malgré une stabilisation de la demande étrangère». Bonnes orientations en revanche des prix et des salaires. Les effectifs devraient encore diminuer.

TOULOUSE: 150 employés de l'A.N.P.E. en colère

Les quelque 150 employés des cinq agences de l'A.N.P.E. de Toulouse ont entamé hier matin un mouvement de grève illimitée afin de protester contre «l'insuffisance des moyens en personnel et l'augmentation constante de la charge de travail». Les grévistes ont rejeté les propositions de la direction qu'ils estiment «insuffisantes et temporaires».

TRANSPORT: accord salarial partiel à la S.N.C.F.

Trois syndicats de la S.N.C.F. ont fait savoir qu'ils signeront l'accord salarial avec la direction: la C.G.C., la C.F.T.C. et la F.N.C. (maîtrise et cadres). La C.G.C. «accepte de consentir un effort substantiel sans pour autant pérenniser le matraquage du pouvoir d'achat des cheminots». De son côté, la C.F.T.C. estime que «les propositions de la direction marquent un sérieux progrès par rapport à la situation antérieure» mais affirme son désaccord avec certaines mesures imposées par les pouvoirs publics.

D'autres syndicats vont faire connaître leur réponse, notamment les Autonomes, la C.F.D.T. et la C.G.T.

Points de repère   4

«Industrie»

1   How does the quarterly survey compare with the monthly one?
2   How do industrialists see demand up to December?
3   What appears to have happened to manning levels during the survey period?

References: I.N.S.E.E.
Vocabulary: trimestre, en revanche, se dégarnir, global, effectifs

«Toulouse»

1   What is the cause of the employees' anger?
2   What action have they taken?
3   How have they reacted to the management's suggestions?

References: A.N.P.E., Toulouse
Vocabulary: entamer, grève, charge, direction

«Transport»

1   What rider have the C.G.C. attached to their acceptance of the pay agreement?
2   How does the C.F.T.C. view the pay agreement?
3   What is the response of the remaining unions?

References: S.N.C.F., C.G.T., C.F.D.T., C.F.T.C., F.N.C., C.G.C., les Autonomes
Vocabulary: pérenniser, matraquage

Hausse du trafic des compagnies aériennes européennes

Les compagnies européennes de transport aérien annoncent, pour le premier semestre de cette année, une hausse de 4,6% de leur trafic international passager et de 17,8% de leur trafic fret par rapport à la même période l'an passé.

L'association européenne des transports aériens, qui regroupe les compagnies régulières des dix-huit pays d'Europe occidentale plus la Yougoslavie et la Turquie, indique que cette progression a permis de porter à 61,9% le taux d'occupation des avions, soit une augmentation de 3,5 points. Le trafic passager, pour le seul mois de juin, a augmenté de 9,7% par rapport à l'an passé, ce chiffre atteignant 13% sur l'Atlantique Nord, plus forte progression mensuelle enregistrée depuis trois ans.

Brest: régression du trafic maritime

Pour le premier semestre de cette année, le trafic du port de commerce de Brest a chuté de 10,65% par rapport à la même période l'an passé. Si l'on compare les mois de juillet de l'an passé et de cette année, la baisse atteint 46,28%. Tout porte donc à croire que le trafic maritime n'atteindra pas, cette année, la barre des 2 millions de tonnes.

En dépit de la qualité des installations brestoises, le port de commerce subit le contrecoup de la baisse des importations de manioc et de soja, ainsi que le non-renouvellement du contrat d'exportation de poulets congelés à destination de l'U.R.S.S. Eclaircie cependant dans la grisaille brestoise: la réception inhabituelle d'un navire chargé de 1 800 tonnes d'agrumes et le projet de mise en place d'une ligne régulière entre l'Egypte et les ports du nord de l'Europe …

Viande bovine: les producteurs veulent étaler l'abattage

La section bovine de la Fédération régionale Bretagne et Pays de Loire des syndicats d'exploitants agricoles demande aux pouvoirs publics de prévoir un étalement de l'abattage des bovins, conséquence directe de la mise en place des quotas laitiers, pour éviter l'engorgement du marché de la viande.

Gabriel Ferré (Vendée), président de cette section bovine de l'Ouest, a affirmé hier que les producteurs de viande «prenaient de plein fouet les conséquences des quotas laitiers» qui incitent les producteurs de lait à abattre une partie de leur cheptel. «Ces conséquences ne pourront être connues dans leur ensemble qu'en octobre-novembre, a-t-il souligné. M. Rocard a promis une «rallonge» de crédits pour les candidats à la cessation de production laitière. Il faut que les agriculteurs de cette deuxième vague de dossiers étalent donc les abattages».

Points de repère 5

«Hausse du trafic des compagnies aériennes européennes»

1 Who belongs to 'l'association européenne des transports aériens'?
2 To what do the figures below refer?
  (a) 4.6%
  (b) 17.8%
  (c) 61.9%
  (d) 9.7%
  (e) 13%

Vocabulary: hausse, taux, semestre

«Brest: régression du trafic maritime»

1 What has happened in the port of Brest during the first half of this year?
2 What evidence is there that the picture is even worse than this figure suggests?
3 Give three examples of the drop in trade.
4 Is there any cause for optimism?

References: Brest
Vocabulary: la barre, agrumes

«Viande bovine: les producteurs veulent étaler l'abattage»

1 What does the farmers' association want the authorities to do? Why?
2 Explain the origin of the problem.
3 When will the consequences of the policy be felt?
4 What 'extension' ('rallonge') has been promised and to whom?

References: Bretagne, Pays de Loire, Vendée
Vocabulary: bovin, exploitants, étalement, abattage, engorgement, cheptel, crédits, dossier

CONSOMMATION: Le jouet sous surveillance

Une étude réalisée par le Centre régional de la consommation du Nord-Pas-de-Calais constate que les normes de sécurité établies en 1979 pour l'industrie du jouet (inflammabilité, toxicité, propriétés mécaniques et physiques) ne sont pas toujours respectées par les fabricants et les importateurs.

Pourtant, le jouet fait l'objet d'une surveillance de plus en plus grande et une campagne a été lancée par les pouvoirs publics en faveur des contrats pour l'amélioration de la qualité (label « Approuvé ».)

Selon les services du secrétariat d'État à la Consommation, trois fabricants français de jouets représentant 40 % de la production nationale figurent parmi la quarantaine d'entreprises à avoir signé un tel contrat.

TABACS: la réponse des syndicats à la S.E.I.T.A.

Peut-être un espoir dans le conflit de la S.E.I.T.A., qui, depuis un mois, réduit l'approvisionnement des bureaux de tabac en cigarettes: c'est aujourd'hui que les organisations syndicales (C.G.T., F.O., C.F.D.T., autonomes et C.G.C.) doivent répondre aux propositions faites vendredi par le secrétariat d'Etat au Budget. Selon ce dernier, ces propositions seraient de nature à assurer « la reprise immédiate du travail ».

Rappelons que la grève de 30 % des 8 300 salariés de la S.E.I.T.A. est due au refus d'un nouveau statut du personnel prévoyant les promotions de carrière en fonction de l'efficacité plutôt que de l'ancienneté.

RESTAURATION: « Bistro », treizième du nom

Le groupe Pozzo di Borgo, qui exploite la chaîne des restaurants Bistro de la Gare et Bistro Romain, vient d'ouvrir son treizième établissement à l'enseigne Bistro de la Gare. Objectif: créer quatre ou cinq restaurants par an, ce qui entraînera l'embauche de cent à cent cinquante personnes nouvelles par an. Cette année, il y a eu quatre ouvertures: à Strasbourg, Bordeaux et à Paris (avenue Victor-Hugo et boulevard Saint-Germain).

Le groupe, qui occupe la cinquième place dans la restauration commerciale, sert actuellement de huit mille à neuf mille repas par jour. Il emploie six cents personnes et réalisera cette année un chiffre d'affaires d'environ 440 millions de francs contre 330 millions l'année précédente.

Points de repère   6

«Consommation»

1 Who wrote the study?
2 What is its main finding?
3 What is the object of the new campaign by the authorities?
4 What figures have been released by the Secretary of State for Consumer Affairs?

References: Nord-Pas-de-Calais
Vocabulary: normes, campagne, label

«Tabacs»

1 What has been the effect of action by S.E.I.T.A.?
2 What are the unions expected to do today?
3 What caused the strike?

References: S.E.I.T.A.
Vocabulary: ancienneté

«Restauration»

1 What is the objective of the Pozzo di Borgo group?
2 How many new jobs will be created?
3 Where have the four new restaurants been opened?
4 What indications are given as to the size of the Pozzo di Borgo group?

References: Strasbourg, Bordeaux, Paris, avenue Victor-Hugo, boulevard Saint-Germain
Vocabulary: enseigne, embauche

Points de repère 7

Super: nouvelle hausse en septembre

Le prochain mouvement de prix des produits pétroliers interviendra le 12 septembre prochain. Cela devrait se traduire par une augmentation du prix du litre de super de un à deux centimes. L'ordinaire ne devrait pas varier.

Depuis le dernier relèvement du mois d'août, les prix maxima en région parisienne sont de 5,44 F pour le super, 5,11 F pour l'ordinaire et 4,02 F pour le gazole. Ce dernier pourrait bien être augmenté de 3 à 4 centimes.

Désaccord à l'issue de la 4ᵉ conférence de l'O.N.U.D.I.

La quatrième conférence générale de l'Organisation des Nations unies pour le développement industriel (O.N.U.D.I.), s'est achevée dans la nuit de dimanche à lundi sans obtenir, après 17 jours de débats, le consensus des 132 pays réunis à Vienne (Autriche). Les États-Unis ont en effet voté contre la déclaration générale servant de préambule aux résolutions spécifiques en faveur de l'industrialisation du tiers monde. Douze pays industrialisés, dont la République fédérale d'Allemagne, la Grande-Bretagne et le Canada, se sont abstenus.

Soixante-dix-neuf pays, dont la France et l'Italie, les pays socialistes et les pays en développement, ont voté en faveur de la déclaration. Ce texte indique que la crise a « un impact sévère sur les pays en développement », et souligne notamment les conséquences néfastes de l'endettement, « la contrainte majeure des taux d'intérêt élevés » et la tension dans les mécanismes internationaux financiers, monétaires et commerciaux. Ce texte se prononce également pour un « système commercial international ouvert » et reconnaît que « le protectionnisme est nuisible au commerce et au développement industriel ».

Paridoc: hausse de 9,9 % du chiffre d'affaires au 1ᵉʳ semestre

Le chiffre d'affaires réalisé par l'ensemble des sociétés associées au groupement « Paridoc » (enseignes Mammouth et Suma) a progressé de 9,9 % au premier semestre de cette année par rapport à la même période de l'an passé.

Ce chiffre d'affaires, précise un communiqué de Paridoc, s'est élevé à 18,89 milliards de francs.

Les points de vente Paridoc, rappelle-t-on, comprennent 3 152 succursales et supérettes, 475 supermarchés (dont 335 Suma) et 81 hypermarchés (dont 76 Mammouth).

«Super: nouvelle hausse en septembre»

1 What is likely to happen to petrol prices in September?
2 Quote the present prices for petrol and diesel.
3 What may happen to diesel prices?

Vocabulary: super, ordinaire, gazole (gazoil)

«Désaccord à l'issue de la 4e conférence de l'O.N.U.D.I.»

1 O.N.U.D.I. — write out in full what this acronym stands for.
2 What has happened at the conference?
3 What was the subject of the conference?
4 What details are given about the way countries voted?
5 The declaration says that the recession is having a severe impact on developing countries — which three major reasons are given?
6 What does the declaration recommend and why?

«Paridoc: hausse de 9,9% du chiffre d'affaires au 1er semestre»

1 By what percentage has the turnover increased? and to what figure?
2 Give details of the retail outlets of the group.

Vocabulary: chiffre d'affaires, points de vente, succursales, supérettes, supermarchés, hypermarchés, enseigne

Points de repère 8

INDUSTRIE: essoufflement prévu en fin d'année

L'activité de l'industrie s'est améliorée en octobre, surtout dans les secteurs des biens d'équipement et des biens intermédiaires. Mais l'activité pourrait s'essouffler en fin d'année, indiquait hier l'I.N.S.E.E. dans son enquête mensuelle auprès des industriels. « L'activité augmenterait à un rythme ralenti », en moyenne au quatrième trimestre, en raison d'une demande qui se « dégarnit un peu, tout en restant supérieure » à celle des six premiers mois de l'année, considère l'institut. La demande étrangère est stable. Dans l'automobile, les carnets de commandes restent « très dégarnis », y compris à l'étranger, et les stocks sont jugés « supérieurs à leur niveau normal », relève l'I.N.S.E.E. Les constructeurs s'attendent à un « maintien » de leur activité.

AGRO-ALIMENTAIRE: le petit noir Legal de retour

Les rayons de magasins sont de nouveau et après cinq mois d'absence, approvisionnés en café « Legal ». La marque vient, en effet, d'être reprise par le torréfacteur havrais Leporg-Mokarex qui a l'ambition d'en faire la première marque de café à capitaux exclusivement français.

Créée après la guerre par un petit torréfacteur de l'Orne, la marque « Legal » avait été rachetée et développée par la puissante société américaine de produits alimentaires « General Foods » qui a décidé d'arrêter l'exploitation de la marque et de la céder à la maison Leporg-Mokarex, dont le secteur de diffusion se limitait jusqu'ici à l'ouest de la France. Avec 10 000 tonnes de café torréfié en 1983, Legal s'était placé au quatrième rang national dans un marché dominé par Jacques Vabre.

HOTELLERIE: Bouygues et Havas créent Latitudes

Les groupes Bouygues Immobilier et Havas Tourisme viennent de s'associer pour créer « Latitudes », société d'exploitation hôtelière et para-hôtelière, de résidences de loisirs et d'hébergement touristique. Ce nouveau produit s'adresse à une clientèle d'étrangers, de congressistes, groupes et associations « soucieux d'un hébergement correspondant notamment aux normes de confort 2 ou 3 étoiles » et d'une restauration simple, rapide et de qualité. Il devrait également « répondre à une nouvelle demande de vacances, à une offre française d'hôtels de vacances jusqu'ici dispersée et atomisée », estime Marc Amoudry, premier directeur général de Latitudes.

Bouygues Immobilier aura réalisé en 1984 un chiffre d'affaires de 3,6 milliards de francs, en progression de 18 %. Son partenaire, Havas Tourisme, annonce un chiffre de 2 milliards en augmentation de 9,11 %.

Points de repère 8

«Industrie»

1 How did the industrial equipment sector perform in October?
2 Why will there be a slow-down in industrial activity towards the end of the year?
3 In the car industry, what is the present level of:
   (a) orders?
   (b) stocks?

References: I.N.S.E.E.
Vocabulary: biens d'équipement, biens intermédiaires

«Agro-Alimentaire»

1 Why has it not been possible to buy 'Legal' coffee recently?
2 What plans have Leporg-Mokarex for 'Legal' coffee?
3 Previously, where had sales of 'Legal' coffee stood in the market ratings?

References: Orne
Vocabulary: torréfié, torréfacteur, marque, havrais, secteur de diffusion

«Hôtellerie»

1 What kind of company will 'Latitudes' be?
2 What areas of the market is the company aiming to cater for?
3 What standards can its customers expect?
4 What percentage increase in profits did the two parent companies each achieve?

Vocabulary: immobilier, hébergement, para-hôtelier, congressistes, atomisé

Points de repère 9

Risques de grève chez Ford et G.M.

Les risques d'une grève contre l'un des deux grands constructeurs automobiles américains se sont soudainement accrus lorsque General Motors et Ford ont proposé à leurs ouvriers de nouveaux contrats collectifs que les dirigeants syndicaux ont immédiatement rejetés comme « nettement insuffisants ».

Dans deux négociations parallèles avec le syndicat des travailleurs de l'automobile (U.A.W.), les directions de General Motors et de Ford (82 % de la production U.S.) ont fait des propositions à peu près identiques qui ne comportent ni relèvement du salaire de base ni garantie de l'emploi malgré le retour à la prospérité dans l'industrie.

«Risques de grève chez Ford et G.M.»

1 What have General Motors and Ford recently done?
2 What has been the reaction and what will be the likely consequences?
3 What percentage of the U.S. car market do the two companies share?
4 How have the negotiations with the unions been unusual?
5 Which two features of the new contracts are mentioned?
6 Is the industry in good or bad health?

Vocabulary: une grève, syndicat, direction, relèvement

Italie: exportations automobiles en hausse

Les exportations de voitures particulières italiennes ont progressé de 5,2 % en volume et de 20 % en valeur au premier semestre de cette année par rapport aux six premiers mois de l'an passé, selon des statistiques professionnelles.

L'Italie a exporté 303 000 voitures particulières contre 288 000 au premier semestre de l'an passé, pour une valeur globale de 2 181 milliards de lires (plus de 10 milliards de F) contre 1 815 milliards de lires (9 milliards de F).

«Italie: exportations automobiles en hausse»

1 To what do these figures refer:
   (a) 5.2%?
   (b) 20%?
2 Write down and explain the remaining figures.

Leclerc s'attaque à la pharmacie

Édouard Leclerc a décidé de s'attaquer au monopole des pharmacies. « Dès le mois prochain, nous mettrons en vente, dans une dizaine de nos centres, des produits parapharmaceutiques », affirme son fils Michel dans une interview que publie « L'Indépendant » de Perpignan.

« Notre objectif est de faire baisser les prix de ces produits d'au moins 20 % » indique Michel Leclerc qui précise, par ailleurs, qu'il s'appuie, pour lancer cette nouvelle offensive, sur un récent jugement du tribunal de Melun (Seine-et-Marne) qui lui a donné raison lors d'une première tentative faite dans un de ses magasins de cette ville.

«Leclerc s'attaque à la pharmacie»

1 Explain the headline of the news item.
2 Who is Michel Leclerc?
3 What is the aim of the Leclerc group?
4 What happened recently in Melun which affects Leclerc?

References: «L'Indépendant» de Perpignan, le tribunal, Melun
Vocabulary: parapharmaceutique, le monopole, une tentative

TRANSPORTS: accord salarial à la R.A.T.P.

Les syndicats autonomes et indépendants, F.O. ainsi que la C.F.T.C. ont signé l'accord salarial à la R.A.T.P. (39 000 salariés) tandis que la C.G.T., majoritaire dans l'entreprise, la C.F.D.T. et la C.G.C. l'ont refusé. Selon la direction, les signataires représentent plus de la moitié des suffrages exprimés aux dernières élections professionnelles.

Rappelons qu'aux termes de cet accord l'augmentation des salaires cette année ne devrait pas dépasser 5 % en niveau contre une hausse prévisible des prix en glissement à la fin de l'année de 6,7 %.

TELEPHONE: le numéro vert internationalisé

Les entreprises françaises pourront se faire appeler gratuitement à partir de n'importe quel point du territoire américain, grâce à la mise en service — depuis hier — du « numéro vert international ». C'est l'abonné français qui prendra à sa charge le coût des communications.

Le « numéro vert international » doit aussi permettre aux représentants et aux personnels des sociétés françaises en déplacement aux Etats-Unis d'appeler facilement leur siège.

Les P.T.T., pour lancer ce nouveau service, proposent aux entreprises de choisir elles-mêmes leur numéro et d'établir des factures détaillées permettant d'analyser l'origine géographique du trafic, etc. Un moyen aussi, disent les P.T.T., pour « tester les réactions aux offres de produits avant d'investir pour exporter … »

COMMERCE: mauvais résultats en octobre

Les ventes du grand commerce ont accusé une baisse sensible en octobre, avec une diminution en volume de 5,5 % (en données corrigées des variations saisonnières) par rapport à septembre qui avait été un bon mois, révèlent les indices publiés par le Centre d'observation économique, organisme de conjoncture de la chambre de commerce et d'industrie de Paris. Pour les deux mois de septembre-octobre, le volume des ventes s'est toutefois situé à un niveau voisin des résultats de juillet-août.

Par rapport à l'année précédante on observe, en données brutes, un léger accroissement en volume des ventes du grand commerce (+ 1 %), dû surtout aux meilleurs résultats de la vente par correspondance (+ 19,5 %), laquelle avait souffert l'an dernier à la même époque de la grève des postes. En revanche, les ventes des grands magasins ont reculé en volume de 10 % par rapport à octobre.

Points de repère   10

«Transports»

1   Which unions have signed the agreement with R.A.T.P.?
2   How does the projected rise in salaries compare with the possible rise in prices?

References: R.A.T.P., C.G.C., C.F.D.T., C.G.T., F.O., C.F.T.C.
Vocabulary: suffrages exprimés, élections professionnelles, en niveau, en glissement

«Téléphone»

1   What new service is now available to French businesses?
2   How will the phone bill help French companies in their choice of where to invest?

References: P.T.T.
Vocabulary: abonné, tester, en déplacement, siège, établir des factures

«Commerce»

1   How did sales in October compare with September?
2   What helped the figures to show a slight increase compared with the previous year?
3   How did department stores fare?

References: Chambre de Commerce et d'Industrie de Paris
Vocabulary: grand commerce, sensible, accuser, conjoncture, voisin, grands magasins

Points de repère 11

Renault: nouvelle classe de véhicules d'occasion

Renault annonce le lancement, à partir de septembre, d'une nouvelle classe « Privilège » de véhicules d'occasion qui disposera d'un nouveau service d'assistance Or-Relais.

La Régie s'engage vis-à-vis du propriétaire d'une voiture d'occasion bénéficiant de la garantie Or, qui sera victime d'accident, de panne, de vol ou d'incendie, à mettre à sa disposition un véhicule de remplacement sans limitation de kilométrage, ni caution à verser. Renault fera également bénéficier de certaines prestations telles que remorquage, dépannage, poursuite du voyage ou retour à domicile. Le service Or-Relais est valable, sur la durée de la garantie Or, pour la France métropolitaine, la Corse, Monaco et les pays relevant de la carte verte.

L'opération Minitel en danger

« L'association des utilisateurs du Minitel » estime que l'augmentation de dix centimes du prix de la communication téléphonique « met en danger » l'implantation du « réseau Minitel ».

« Les P.T.T. créent une situation paradoxale, déclare l'association, car l'implantation des Minitel est basée sur la création du trafic, l'appareil étant délivré gratuitement et l'investissement amorti par le trafic supplémentaire. En donnant un coup de frein à l'utilisation du Minitel, les P.T.T. scient la branche sur laquelle est basée leur politique », ajoute cette association créée en décembre. 200 000 usagers sont actuellement équipés d'un annuaire électronique notamment à Paris, en Bretagne, en Picardie et en Provence, le plan prévoyant un million de Minitels à la fin de l'année et trois millions l'année suivante.

Les cadres les mieux payés au monde sont américains, suisses et de Singapour

Les cadres d'entreprises au pouvoir d'achat le plus élevé du monde industrialisé sont ceux des États-Unis, de Suisse et de Singapour, selon une étude comparative effectuée par la firme britannique d'experts-conseils en main-d'œuvre « Employment Conditions Abroad Ltd ».

Les cadres français arrivent en sixième position derrière les canadiens et les allemands de l'Ouest alors que les britanniques ne figurent qu'en bas de liste, juste au-dessus des irlandais, danois et suédois.

«Renault: nouvelle classe de véhicules d'occasion»

1 What initiative has been announced by Renault?
2 Under what four circumstances will Renault make a car available to claimants?
3 Which four services will be included in the cover?
4 Where will the cover be valid?

References: La Régie, Or-Relais, la France métropolitaine, la Corse, la carte verte
Vocabulary: caution, prestation

«L'opération Minitel en danger»

1 Why is the association concerned?
2 On what basis have Minitel been given to clients?
3 In what way have the PTT contradicted their own policy?
4 What is a Minitel?
5 How many are in service now, will be by the end of this year, and how many by the end of next year?

References: P.T.T., Picardie, Provence
Vocabulary: trafic, amortir, délivrer, la politique, un annuaire

«Les cadres les mieux payés au monde sont américains, suisses et de Singapour»

1 What has the ECA survey revealed?
2 Draw up the list as far as the information allows.

References: cadres d'entreprise

Points de repère 12

DISTRIBUTION: accord Sapec-Monsieur Bricolage

Un accord de coopération entre Monsieur Bricolage (cent cinquante magasins, 1,1 milliard de francs de chiffre d'affaires) et la Sapec, spécialisée dans l'équipement de la maison et du jardin (neuf cent points de vente, 5 milliards de francs de chiffre d'affaires) vient d'être signé. A partir du 1er janvier, les adhérents des deux sociétés, qui représentent chacune le premier groupement de leur spécialité, pourront mettre leurs magasins sous les deux enseignes.

«Distribution»

1   How many outlets have Sapec and Monsieur Bricolage each?
2   What are the terms of this new agreement?

Vocabulary: adhérent, société, chiffre d'affaires, enseignes

ÉLECTRICITÉ: E.D.F. entre dans le capital de l'I.D.I.

Électricité de France vient d'obtenir le feu vert pour entrer dans le capital de l'I.D.I., établissement parapublic spécialisé dans le soutien financier aux P.M.E. Un arrêté ministériel devrait être incessamment publié pour concrétiser cette décision. E.D.F. souscrirait cent millions de francs à l'occasion d'une prochaine augmentation de capital de l'institut et deviendrait ainsi détenteur de 11,44 des parts.

Avec l'arrivée d'E.D.F. dans son capital, l'I.D.I. va accentuer ses actions pour développer la production française de matériel électrique, corollaire de la politique de pénétration de l'électricité dans les usages industriels et domestiques voulue par les pouvoirs publics.

«Électricité»

1   What is the commercial function of I.D.I.?
2   What action is necessary to allow E.D.F. to buy into I.D.I.?
3   What will this new investment allow I.D.I. to do?
4   How will this please the government?

References: P.M.E.
Vocabulary: arrêté, incessamment, détenteur, parts

PÉTROLE: Elf demande aussi la liberté des prix

Après l'appel en faveur de la liberté des prix des produits pétroliers lancé par François-Xavier Ortoli, président de la C.F.P.-Total, c'est Michel Pecqueur, président d'Elf-Aquitaine, qui s'est prononcé hier pour la révision du système actuel qu'il juge «complexe» et doté «d'effets pervers».

« Ou bien il y a une simplification considérable avec un seul contrôle à la vente (au détail), et une amélioration de la formule (de détermination des tarifs), ou bien nous allons à la liberté des prix. C'est une solution qui ne nous déplairait pas », a déclaré M. Pecqueur. Le président d'Elf a encore indiqué que le chiffre d'affaires du groupe s'élevait pour les neuf premiers mois de l'année à 130 milliards de francs (contre 90 milliards l'an dernier). Mais la reprise des principaux actifs chimiques aujourd'hui en sa possession n'est, il est vrai, intervenue que dans la deuxième moitié de l'année précédente.

«Pétrole»

1   Why is Elf unhappy about the present oil pricing system?
2   What are the alternatives to the present system?
3   How does turnover compare so far this year with last?

References: C.F.P.-Total, Elf-Aquitaine
Vocabulary: au détail, actifs

Points de repère 13

Air France: service à bord amélioré entre la métropole et les D.O.M.

A partir du 30 septembre la distribution de coffrets repas à l'embarquement aux passagers d'Air France voyageant en classe « vacances » sur les liaisons entre la métropole et les départements d'outre-mer sera supprimée et remplacée par un service individuel assuré par le personnel de bord.

Ce service sera complété par un service de boissons gratuites accompagnant les repas (vin, bière, jus de fruit). A la même date, la composition des repas servis en classe « affaires » sera améliorée. De plus, les passagers disposeront d'écouteurs stéréophoniques électromagnétiques qui permettront une meilleure écoute.

Creusot-Loire: Les fournisseurs se groupent

La Confédération générale des P.M.E. (C.G.P.M.E.) annonce la création d'une association de défense des fournisseurs du groupe Creusot-Loire. « Des centaines de petits et moyens industriels vont être entraînés à déposer leur bilan », déclare-t-elle.

L'éventuel dépôt de bilan de Creusot-Loire qui demande à bénéficier de la suspension provisoire des poursuites ne menacerait en effet pas seulement l'emploi des vingt-neuf mille salariés du groupe, mais aussi les activités de plus d'un millier de ses fournisseurs, employant eux-mêmes quelques vingt mille salariés.

Récolte de blé record dans la région Centre, première productrice de France

Les experts prévoient une récolte de blé record cette année dans la région Centre, première zone productrice de France, où les moissons se terminent. « La saison sera de très bonne à exceptionnelle, les records de 1973 et de 1981 seront battus », a déclaré un des dirigeants de l'O.N.I.C. (Office national de l'interprofession des céréales).

Le président de la F.D.S.E.A. d'Eure-et-Loir, Jean-Jacques Vorivor, agriculteur beauceron, explique la bonne performance des récoltes dans le premier département céréalier français: « Les conditions climatiques ont été idéales. Les maïs avaient été précoces, nous avons pu semer très tôt. L'hiver n'a pas été rude et ni très pluvieux, nous avons donc eu des pousses solides et résistantes. Pendant le printemps, la moyenne des pluies a été plus importante que d'habitude, ce qui a permis l'élimination des germes bactériens. Enfin, les maladies causées par des champignons parasites ont été peu fréquentes. »

«Air France: service à bord amélioré entre la métropole et les D.O.M.»

1 Changes in the service offered to passengers are being introduced:
starting when?
on which routes?
for which classes of traveller?
in what way will the meals be different?
how is the drinks service affected?
what further improvement is to be made?

References: Air France, D.O.M.
Vocabulary: coffrets repas, la métropole

«Creusot-Loire: Les fournisseurs se groupent»

1 In what way is the C.G.P.M.E. trying to help the suppliers of the Creusot-Loire group?
2 What will the Creusot-Loire group possibly soon have to do?
3 How many employees would be affected?
4 What would be the knock-on effect for the suppliers to the group?

References: C.G.P.M.E., Creusot-Loire
Vocabulary: fournisseurs, déposer le bilan, poursuites

«Récolte de blé record dans la région Centre, première productrice de France»

1 What is happening in the Centre region?
2 Give details of the favourable conditions which have brought about the region's good fortune?

References: Centre, F.D.S.E.A., Eure-et-Loir, département, région
Vocabulary: les moissons, les récoltes, pousses, beauceron

POSTE: accord franco-mexicain

Les postes mexicaines vont se moderniser. Un nouvel accord de coopération a été signé à Mexico entre les ministres français et mexicains des Postes et Télécommunications. La France louera puis vendra au Mexique des équipements automatiques de traitement du courrier et apportera ses compétences pour créer des centres de tri modernes. Les gouvernements des deux pays avaient signé en 1978 un accord similaire pour la mise en place d'un centre de tri automatisé expérimental, qui a commencé à fonctionner en septembre dernier.

INFORMATIQUE: des micros pas chers pour les étudiants

Aujourd'hui se tient la « Journée du Micro » sur le campus de l'école H.E.C. à Jouy-en-Josas. Cette journée montée à l'initiative de l'école H.E.C. et de l'Institut supérieur des affaires (I.S.A.) permettra aux élèves de ces deux écoles de se procurer du matériel informatique et des logiciels à des « prix défiant toute concurrence ». Les principaux constructeurs de matériel informatique, les fabricants de logiciels ainsi que les librairies et banques de données informatiques seront présents.

Afin de faciliter le financement de ces matériels, les principales grandes banques seront également présentes. L'après-midi, deux tables rondes se dérouleront sur la micro-informatique de gestion et sur l'informatique du futur.

REPROGRAPHIE: les premiers photocopieurs lillois

Le groupe Rank Xerox, numéro un mondial de la reprographie, va commencer cette semaine la production de son premier photocopieur en France, dans son usine de Neuville-en-Ferrain, près de Lille. Il s'agit d'un haut de gamme de la dernière série des modèles Xerox.

L'usine annonce également la sortie de son cent millième produit bureautique, en l'occurrence une machine à écrire électronique.

Les exportations de l'établissement nordiste devraient passer de 620 millions de francs cette année à un milliard de francs l'année prochaine. Le déficit commercial français dans la photocopie, qui s'est élevé à 1,8 milliard de francs l'année dernière devrait se réduire également grâce aux efforts d'un groupe japonais, Canon, qui va construire une usine en Bretagne.

Points de repère   14

«Poste»

1 What was Mexico's aim in signing this agreement with France?
2 On what financial terms will equipment be provided by France?
3 What help will France supply other than equipment?
4 How did the previous agreement help Mexico?

Vocabulary: centre de tri, traitement, compétences

«Informatique»

1 How will students benefit from this 'Micro Day'?
2 Who will be exhibiting their goods?
3 What will the afternoon session offer?

References: H.E.C., Jouy-en-Josas, I.S.A.
Vocabulary: logiciel, table ronde, informatique, se tenir

«Reprographie»

1 Why is this an important time for Rank Xerox in France?
2 What further announcement have Rank Xerox made?
3 What is the size of the French trade deficit in photocopying equipment?
4 How is this deficit likely to be helped by Canon's plans?

References: Lille, Neuville-en-Ferrain
Vocabulary: produit bureautique, en l'occurrence, haut de gamme, nordiste

Points de repère 15

C.G.T.-Fonction publique: inquiétude sur les salaires

Les fédérations C.G.T. de la Fonction publique demandent «une mesure salariale immédiate et conservatoire», remettant les traitements et les pensions au niveau de la hausse des prix intervue depuis le 1er janvier et expriment leurs inquiétudes sur le prochain budget.

Les fédérations rapellent dans un communiqué que les prix ont augmenté de 4,4% entre janvier et juillet alors que les salaires n'ont été relevés que de 1% au 1er avril.

«C.G.T.-Fonction publique: inquiétude sur les salaires»

1 What is the union's demand?
2 Explain the significance of the figures 4.4% and 1%.

References: C.G.T., Fonction publique
Vocabulary: conservatoire, traitements, pensions

Port-la-Nouvelle (Aude) reprise de l'activité

L'activité portuaire a repris normalement dans le port vaudois où, depuis le 9 août dernier, un conflit oppose les quarante dockers C.G.T. à la société céréalière Grani-Sud qui refuse de les faire travailler à l'intérieur de ses docks. Cette reprise est due à la décision des lamaneurs.

Le conflit n'a pas été résolu pour autant, aucune solution n'ayant été apportée lors de différentes réunions aux problèmes de l'emploi des dockers locaux par la société précitée qui continue toujours à utiliser ses propres employés.

«Port-la-Nouvelle (Aude) reprise de l'activité»

1 What has happened today in Port-la-Nouvelle?
2 What was the reason for the dispute?
3 What outstanding problems remain to be resolved?

References: Aude
Vocabulary: vaudois, lamaneurs, précité

Le centre Leclerc de Carcassonne sera reconstruit

Le centre Leclerc de Carcassonne qui avait été détruit par un incendie criminel le 21 avril dernier par un commando de viticulteurs va finalement être reconstruit. La commission départementale de l'urbanisme commerciale de l'Aude vient de donner le feu vert après s'y être opposée il y a quelques mois.

Si tout se passe bien, le nouveau Leclerc pourrait ouvrir ses portes à la veille de la Noël. Vingt nouveaux emplois seront créés.

«Le centre Leclerc de Carcassonne sera reconstruit»

1 How was the Leclerc hypermarket damaged? By whom?
2 What has made the re-opening possible?
3 When will the opening be?
4 How will the local labour force benefit?

Vocabulary: un commando, donner le feu vert

LAIT: des producteurs mécontents

Les producteurs de lait annoncent plusieurs actions de protestation contre la politique laitière du gouvernement. Ils s'insurgent contre la décision annoncée le 16 novembre dernier de réduire de 2,8 % au lieu des 2 % initialement prévus les quotas de production attribués aux laiteries. La décision d'Onilait est *« illégale »*, a déclaré hier Michel Ledru, président de la F.N.P.L. Et de prévoir une *« participation assez élargie »* de ses adhérents au conseil de direction de l'Onilait le 12 décembre et des manifestations très matinales des producteurs devant les préfectures. La F.N.P.L. estime que le revenu des producteurs de lait a diminué de 10 % cette année.

AGRICULTURE: la grogne des éleveurs de porcs...

Les éleveurs de porcs qui avaient refusé de vendre leur production au cadran breton jeudi en raison de la baisse des cours ont bloqué le train Brest-Paris la nuit suivante.

Michel Fau, président de la Fédération porcine de la F.N.S.E.A., *« dénonce vigoureusement les graves carences dans la gestion actuelle du marché porcin et proteste contre le laxisme qui encourage les prix de dumping des importations en provenance des pays tiers »*. De ce fait, les cours du porc breton sont tombés au-dessous de la barre des 10 francs le kilo (catégorie III) seuil au-dessous duquel les éleveurs affirment vendre à perte.

PARAPHARMACIE: plainte contre Leclerc

Le ministère de la Santé vient de déposer plainte à l'encontre du Centre Leclerc de Dammaries-les-Lys (Seine-et-Marne) pour avoir mis en rayon un produit soumis à autorisation de mise sur le marché. *« L'Eau Précieuse est un médicament, sa vente en supermarché constitue un délit d'exercice illégal de la pharmacie »*, nous a précisé le professeur Jacques Dangou-mau, directeur de la pharmacie au ministère de la Santé.

Il semble que les difficultés que rencontre Michel-Edouard Leclerc pour assurer l'approvisionnement de produits de parapharmacie — le refus des fabricants de le livrer l'obligent à emprunter des circuits parallèles, comme le rachat de produits voués à l'export — soient à l'origine de cette *« bourde »*, qu'il reconnaît.

Points de repère   16

«Lait»

1   What does the latest government decision mean for milk producers?
2   In what two ways does the F.N.P.L. propose to show its anger?
3   According to the F.N.P.L., what has happened to the income of milk producers?

References: Onilait, F.N.P.L., préfectures

«Agriculture»

1   What did the pig farmers do on Thursday and why?
2   How are Third World countries involved in this matter?
3   What is the significance of a price for pork of 10 francs a kilo?

References: F.N.S.E.A., Brest
Vocabulary: cadran, cours, carences, gestion, laxisme, en provenance de, barre, pays tiers

«Parapharmacie»

1   What, apparently, has the Centre Leclerc done wrong?
2   Why has Monsieur Leclerc had difficulties with supplies and how has he tried to overcome them?

References: Seine-et-Marne
Vocabulary: déposer plainte, bourde, un délit d'exercice

Points de repère 17

Péchiney encore déficitaire mais en voie de rétablissement

Le groupe nationalisé Péchiney a franchi « une étape importante vers le rétablissement » grâce au retournement de la conjoncture mondiale après deux exercices lourdement déficitaires, a indiqué Georges Besse, son président.

Péchiney a fini l'année dernière dans le rouge avec 463 millions de francs de pertes nettes consolidés, mais ses pertes s'étaient élevées à 2 838 millions de francs. Après s'être allégé de son acier et de sa chimie, Péchiney apparaît comme un groupe de taille plus réduite presque exclusivement axé sur la métallurgie. Selon M. Besse, cette amélioration s'explique « à 60 % par l'amélioration de la demande et des prix à l'échelle mondiale, à 30 % par nos actions d'économie (abaissement d'une partie des coûts de production), et à 10 % du fait du dollar ».

États-Unis: téléphone à bord des avions long-courriers

Les passagers empruntant des vols longue distance aux États-Unis vont bientôt pouvoir téléphoner à n'importe quel point du territoire américain, a annoncé la société Western Union Corp.

La société a révélé qu'à dater du 15 octobre les long-courriers de la plupart des grandes compagnies aériennes seront dotés de postes téléphoniques permettant d'appeler n'importe quel numéro aux États-Unis. Le prix de la communication, payable avec une carte de crédit, sera le même quel que soit le numéro appelé aux États-Unis: 7,5 dollars pour les trois premières minutes et 1,25 dollar par minute supplémentaire.

La C.E.E. demande des explications sur le mouton britannique

La Commission européenne a demandé à la France des explications sur le renforcement, décidé vendredi dernier, des contrôles vétérinaires sur les importations de moutons britanniques.

Paris a dix jours pour répondre à cette demande, qui fait suite à une plainte du gouvernement britannique; la Commission veut savoir si les règles françaises peuvent être assimilées à un contrôle de routine ou au contraire à un obstacle au commerce entre les pays membres de la Communauté européenne. Le ministère français de l'Agriculture, on s'en souvient, a décidé de renforcer les contrôles pour dépister les viandes de mouton qui contiendraient des quantités anormales de résidus de lindane.

«Péchiney encore déficitaire mais en voie de rétablissement»

1 What major factor helped the Péchiney group this year on to the road to recovery?
2 Which of its activities has the group sold off and which is it specialising in?
3 What three reasons are given to explain the improvement in the group's situation?

Vocabulary: un exercice déficitaire, la conjoncture

«États-Unis: téléphone à bord des avions long-courriers»

1 What new service will soon be available to airline passengers in the U.S.?
2 How will passengers pay and what will the charges be?

Vocabulary: emprunter des vols, les long-courriers, doter

«La C.E.E. demande des explications sur le mouton britannique»

1 For what explanations has the Commission asked France?
2 At whose request?
3 What will the Commission try to establish?

Vocabulary: assimiler, dépister, lindane

LOGEMENT: Toujours moins de constructions

La chute des mises en chantier de logements enregistrée pour les huit premiers mois de l'année s'est poursuivie au cours du mois de septembre. Selon les statistiques recueillies auprès des directions régionales de l'équipement pour la période allant de janvier à septembre inclus, 202 579 logements ont été mis en chantier, soit 15,7 % de moins par rapport à la même période l'année dernière. La chute est plus importante pour le logement collectif (moins 20,9 %) que pour les maisons individuelles (moins 13,1 %). La situation est particulièrement mauvaise dans le Nord, en Basse-Normandie et en Champagne-Ardenne. Seule de toutes les régions, Provence-Côte d'Azur enregistre une hausse de ses mises en chantier.

«Logement»

1 How many dwellings were started between January and September?
2 How does this compare with the previous year?
3 Name two of the worst areas.
4 Which area has actually registered an increase in building?

References: Basse-Normandie, Champagne-Ardenne, Provence-Côte d'Azur
Vocabulary: le logement collectif, la mise en chantier

HOTELLERIE: Git' Motel, une étoile nouvelle

Une nouvelle chaîne d'hôtels «une étoile» vient d'être lancée à l'enseigne «Git' Motel», du nom de la société créée par son promoteur, Gilbert Lécuyer, un hôtelier niortais. Le premier Git' Motel est ouvert à Fontenay-le-Comte en Vendée. Il s'agit d'établissements moitié hôtel, moitié motel, d'une trentaine de chambres, dotées du confort «deux étoiles», disent les promoteurs, pour le prix d'une étoile (de 100 à 130 francs). La gestion sera de type familial. Le couple est propriétaire des lieux et libre de ses actions, la S.A.R.L. étant seulement membre de la société exploitante.

Git' Motel compte s'implanter dans les villes moyennes en accord avec les maires qui proposent généralement des terrains situés dans ou en bordure des zones industrielles. Cinq ouvertures sont prévues à Alençon, Rochefort, Châteaudun, Vierzon et Montauban.

«Hôtellerie: Git' Motel»

1 What kind of hybrid establishment will this new hotel chain offer?
2 Why does the price belie the standard of the establishment?
3 What kind of management will each hotel have?
4 Where will these new hotels normally be situated?

References: S.A.R.L., Vendée, 'une étoile', Alençon, Rochefort, Châteaudun, Vierzon, Montauban, niortais

---

HOTELLERIE: Protestation contre la politique des prix

Protestation des syndicats de la restauration et de l'hôtellerie qui se déclarent «consternés» quant à la fixation arbitraire des prix pour l'année prochaine. «La méthode employée relève plus d'un marchandage autoritaire que d'une véritable concertation entre les professionnels responsables et un gouvernement soucieux d'établir le libre jeu de la concurrence», déclarent conjointement la Confédération française des hôteliers, restaurateurs, cafetiers, discothèques et la Fédération nationale de l'industrie hôtelière. «Ce semblant d'augmentation accordé à nos entreprises est une goutte d'eau dans l'océan des charges et frais généraux».

«Hôtellerie: Protestation»

1 What has the government done that has so annoyed hoteliers?
2 What bodies are represented by the 'Confédération' mentioned?
3 Why will it apparently be difficult for hoteliers to make ends meet?

Vocabulary: restauration, marchandage, relever

Points de repère 19

Huit pompistes accusés de rabais illicites

Un groupe de huit pompistes du département du Haut-Rhin a comparu, hier, devant le tribunal de Mulhouse parce qu'ils pratiquaient des prix de vente inférieurs à ceux fixés par les décrets gouvernementaux sur l'essence et le supercarburant.

L'action en justice avait été introduite par le comité de la corporation professionnelle de l'automobile de Mulhouse qui représente notamment les mécaniciens auto, les carrossiers et réparateurs de voitures de la région. La corporation a fait valoir que les huit pompistes cassaient les marges et elle a invoqué la concurrence déloyale, le trouble public et l'affichage illicite public. Elle réclame des sanctions et 3 000 francs d'amende par jour et par point de vente où sont pratiqués de tels rabais. Le jugement a été mis en délibéré jusqu'au 10 septembre.

Digital Equipment: augmentation de 63,6 % du chiffre d'affaires en France

Digital Equipment France, filiale du numéro deux mondial de l'informatique, a enregistré un chiffre d'affaires de 1,755 milliard de francs français pour l'exercice clos le 30 juin dernier, indique la firme.

L'accroissement du volume d'affaires de la filiale française de ce groupe américain, spécialisé dans les mini-ordinateurs, lui a permis « de poursuivre activement ses investissements en France », soulignent les dirigeants de la société dans un communiqué.

Burton: pas d'O.P.A. sur Woolworths

La chaîne britannique de magasins d'habillement Burton a démenti les rumeurs circulant dans les milieux boursiers selon lesquelles elle préparerait une O.P.A. sur Woolworths Holdings, la chaîne de magasins à succursales multiples, dont la capitalisation boursière dépasse 500 millions de livres.

Burton a récemment acheté à Woolworths deux magasins, l'un à Liverpool, l'autre à Londres, dans le cadre de son programme d'expansion mais, a affirmé son directeur financier, Michael Wood, elle n'a absolument pas l'intention d'essayer d'acquérir la compagnie ni aucune chaîne de grands magasins.

«Huit pompistes accusés de rabais illicites»

1 Why have the service station owners been brought before the court?
2 Who brought the action against them?
3 Why? What three charges are they making?
4 What punishment are they demanding?

References: Haut-Rhin, Mulhouse
Vocabulary: comparaître, décret, marges, rabais, mettre un jugement en délibéré, sanctions, amende

«Digital Equipment: augmentation de 63,6% du chiffre d'affaires en France»

1 What turnover figures were announced by the firm?
2 For up to what period?
3 What does the firm make?
4 How will France benefit?

Vocabulary: l'informatique, filiale, investissements, l'exercice, l'accroissement, l'augmentation, dirigeants

«Burton: pas d'O.P.A. sur Woolworths»

1 What denial has Burtons issued?
2 In what way have Burtons and Woolworths recently been linked? Why?
3 What further denial was made by Burtons?

References: La Bourse, O.P.A.
Vocabulary: les milieux boursiers, démenti, magasins à succursales multiples, chaîne de grands magasins/de magasins d'habillement

INVENTION: encore trop peu de brevets

« Si les Français se disent très inventifs, les résultats dans ce domaine sont un peu décevants: ils déposent deux fois moins de brevets que les Britanniques et trois fois moins que les Allemands », a estimé le ministre du Redéploiement et du Commerce extérieur. Le ministre, qui était venu à la Semaine de l'invention et des nouveaux produits, a dressé ainsi un bilan sans complaisance: « Les Américains, les Japonais et les Allemands déposent chez nous trois fois plus de brevets que nous en déposons chez eux. » Elle a conclu en appelant au potentiel d'imagination français pour redresser la balance des brevets et des licences, déficitaire chaque année de 2,4 milliards de francs.

MONNAIES: le fiasco des 100 francs

On frappe la monnaie à tort et à travers. C'est ce que semble dire Michel Noir, jeune député R.P.R. du Rhône, rapporteur spécial à la commission des finances. Selon lui, l'émission de la pièce de 100 francs, lancée par François Mitterrand pour marquer sa prise de fonctions, a été un fiasco. 7 millions de pièces seraient en souffrance dans les caisses du Trésor, sur les 12 frappées depuis 1982. Comme l'État avance à l'Hôtel des monnaies son financement sous la forme d'une marge bénéficiaire de 60 % du prix public, toute mévente entraîne un manque à gagner et toute refonte du métal une perte, car cette avance ne lui est pas restituée. On devrait néanmoins frapper 5 millions de nouvelles pièces, à l'effigie de Marie Curie cette fois. Mais selon la commission des Finances, cette émission n'aurait pour but que d'alimenter l'Hôtel des monnaies sans tenir compte des besoins du marché.

CHANTIERS NAVALS: congés « formation » pour les salariés des A.F.O.

Les Ateliers français de l'Ouest où 700 emplois sur 3 600 doivent être supprimés à Saint-Nazaire, Brest, Le Havre et Dunkerque, ne procéderont à aucun licenciement sec, ont déclaré les élus de Brest qui ont été reçus hier par le Ministre. Le gouvernement vient, en effet, de décider d'étendre les projets de congés de conversion, prévus initialement à la seule construction navale, également à la réparation. Les salariés des A.F.O. pourront ainsi bénéficier d'une formation de deux ans. La C.G.C. a déjà signé l'accord, les autres syndicats — à l'exception de la C.G.T. qui a émis un avis défavorable — pourraient le signer.

Points de repère   20

«Invention»

1 Why is the Minister disappointed with French inventiveness?
2 How many patents do the French register in the United States, Japan and Germany?
3 What is the current deficit?

Vocabulary: déposer un brevet

«Monnaies»

1 Why has the issue of the 100 franc coin been a fiasco?
2 What is the profit margin on each coin struck?
3 According to the Commission des Finances, the new coins to be struck are not needed. Why?

References: R.P.R., l'Hôtel des monnaies, Commission des Finances
Vocabulary: en souffrance, marge bénéficiaire, mévente, député

«Chantiers navals»

1 What announcement were councillors able to make after their meeting with the Minister?
2 How has a government decision helped?
3 What is union reaction?

References: Brest, C.G.C., C.G.T., Le Havre, Dunkerque, A.F.O.
Vocabulary: licenciement sec, élus, congés de conversion, formation

Points de repère 21

S.N.C.F.: arrêts de travail les 24 et 25 mai

Quatre fédérations de cheminots sur sept — la C.G.T., la C.F.D.T., F.O. et la F.G.A.A.C. (agents de conduite autonomes) — appellent «l'ensemble des cheminots à des arrêts de travail portant principalement sur les journées des 24 et 25 mai».

S'agissant du personnel roulant, elles souhaitent que les cheminots décident « d'une grève le 24 mai de 0 h à 24 h ». Cette action, indique un communiqué commun, aura lieu dans le cadre d'une « semaine d'explications, de mobilisation et d'action » du 21 au 25 mai, décidée par les quatre fédérations à l'issue d'une rencontre réunissant également celles de la C.F.T.C., de la F.M.C. (cadres autonomes) et de la C.G.C.

Baisse de la production des automobiles françaises au premier trimestre

Début d'année difficile pour l'industrie automobile française: les constructeurs ont dû réduire de 8,6 % leur production au cours du premier trimestre pour tenir compte d'un marché médiocre, tant en France qu'à l'étranger.

Les résultats ont été particulièrement mauvais en mars, indique la Chambre syndicale des constructeurs d'automobiles. Sur l'ensemble du premier trimestre, les constructeurs français ont produit 741 884 voitures particulières (54,7 % pour Renault, 27,5 % pour Peugeot-Talbot et 17,7 % pour Citroën). En avril, les constructeurs américains ont vendu, de leur côté, 721 091 voitures, soit 30 % de plus qu'au cours du mois d'avril l'année dernière.

C.E.E.: + 3,5 % pour la production industrielle

La production industrielle dans la C.E.E. a progressé de 3,5 % sur l'an passé. Le niveau de l'indice, provisoirement estimé à 122,2, ressort toutefois corrigé des variations saisonnières à 116,1 pour février de cette année, soit en baisse de 1 % par rapport à janvier.

L'indicateur de tendance indique une hausse de 1,6 % pour l'ensemble de la Communauté. Ce taux est de 2,81 % pour les biens intermédiaires et, phénomène nouveau, de 2,3 % pour les biens d'investissement. Ainsi, dans l'ensemble des pays de la C.E.E., à l'exception de l'Italie et de la Grèce, la production industrielle est en hausse, aussi bien sur une année, que sur les trois derniers mois connus.

«S.N.C.F.: arrêts de travail les 24 et 25 mai»

1 What have the four rail unions called on the workers to do?
2 Which workers in particular are aimed at?
3 What will take place during the week 21st to 25th May?
4 Who met to decide the programme?

References: S.N.C.F., C.G.T., C.F.D.T., F.O., C.G.C.
Vocabulary: fédérations, cheminots, arrêts de travail, action, cadre, autonomes

«Baisse de la production des automobiles françaises au premier trimestre»

1 Why have car manufacturers had to reduce output?
2 By what percentage and over what period have they reduced it?
3 Which was the worst month for French manufacturers?
4 How many French cars were produced in the first quarter of the year?
5 What market shares are held by the three main car groups?
6 How did the American manufacturers do in April?

References: Renault, Citroën, Peugeot-Talbot
Vocabulary: trimestre, semestre, chambre syndicale

«C.E.E.: + 3,5% pour la production industrielle»

1 By how much has industrial production increased?
2 What do the figures 122.2 and 116.1 represent?
3 In what new sector has there been an increase?
4 In which countries is industrial production not rising?

References: C.E.E.
Vocabulary: variations saisonnières, indice, biens intermédiaires, biens d'investissement, indicateur de tendance

ÉLECTRICITÉ: E.D.F. à l'aide des entreprises

Pour les neuf premiers mois de l'année, l'E.D.F. annonce que 4,3 milliards de kWh ont été substitués à du fioul, ce qui permet d'économiser près d'un million de Tep (tonnes d'équivalent pétrole), soit environ 500 millions de francs de devises.

Sur ces 4,3 milliards, le secteur de l'agro-alimentaire représente plus du tiers (1,3 milliard de kWh).

Pour la période 1985–1987 les objectifs d'E.D.F. se situent entre cinq et six milliards par an pour la consommation supplémentaire d'électricité en remplacement du fioul.

Le passage à l'électricité impliquant un investissement, E.D.F. rappelle la mise en place progressive des *Industelecs*, organismes régionaux chargés d'apporter aux P.M.I. un service de diagnostic, d'études, de montage financier, de réalisation d'installations. Fonctionnent actuellement les *Industelecs* de Champagne-Ardennes, Aquitaine, Nord-Pas-de-Calais, Méditerranée, Midi-Pyrénées et Rhône-Alpes.

MACHINE-OUTIL: important contrat pour M.F.L. aux U.S.A.

Berthiez-Saint-Etienne, filiale de Machines françaises lourdes (M.F.L.), un des pôles français de machines-outils mis en place par les pouvoirs publics en 1982, vient de recevoir une importante commande de General Electric d'un montant de soixante-dix millions de francs. Cette commande est la bienvenue pour M.F.L. dont la situation est toujours très précaire.

Ce nouveau marché concerne la fourniture de douze tours verticaux palétisés, destinés à l'usinage de moteurs d'avions. C'est le plus gros contrat réalisé à ce jour par M.F.L. aux Etats-Unis.

AGRICULTURE: la fin des vins de table

Les viticulteurs du Languedoc-Roussillon, qui se sentent menacés par la décision de la C.E.E., ont adopté une attitude d'expectative prudente, contrastant avec les violences qu'a entraîné par le passé toute modification de la politique viti-vinicole commune.

« Il va falloir faire de la qualité ou se diversifier », a commenté le directeur de la Chambre régionale d'agriculture, M. François Dublin.

La décision apparaît comme la fin des vins de table, « longtemps considérés comme matière première pour un négoce qui coupait, assemblait, fabriquait le vin populaire », a expliqué en privé un responsable professionnel.

Pour ce responsable, la réduction de la capacité de production, qui devrait être assortie de programmes d'aménagement agricole, « marque la fin d'un rêve ».

Points de repère 22

«Électricité»

1 Express the savings made by l'E.D.F. in two ways.
2 What are l'E.D.F.'s targets for 1985–7?
3 Name two functions of Industelecs.

References: E.D.F., P.M.I., Industelecs, Champagne-Ardennes, Aquitaine, Nord-Pas-de-Calais, Méditerranée, Midi-Pyrénées, Rhône-Alpes
Vocabulary: fioul

«Machine-outil»

1 Who set up M.F.L.?
2 What is the value of the contract with General Electric?
3 In what ways is this contract important to Berthiez-Saint-Etienne?

Vocabulary: filiale, pôles, palétisés, l'usinage

«Agriculture»

1 What has been the reaction of the wine producers to the E.E.C. decision?
2 Why is this reaction surprising?
3 Explain how the E.E.C. decision affects wine producers in Languedoc-Roussillon.

References: Languedoc-Roussillon
Vocabulary: matière première, un négoce, assorti

Points de repère 23

E.D.F.: quarante centrales arrêtées

Une quarantaine d'unités de production de centrales d'Électricité de France cesseront de produire l'année prochaine, selon le « programme de déclassement » d'E.D.F. communiqué hier. Le vieillissement de ces installations ou leur manque de compétitivité par rapport aux centrales plus modernes expliquent leur mise à l'écart, estime E.D.F. Des centrales utilisant le charbon ou le fioul sont notamment concernées, mais plusieurs réacteurs nucléaires sont également visés. Ces déclassements n'entraîneront aucun licenciement pour le personnel, qui sera reclassé, précise E.D.F. Les localités concernées seront cependant touchées par les déplacements de ce personnel ou la disparition de ressources locales diverses (taxe professionnelle et taxe foncière) liées à l'activité de ces centrales et qui peuvent atteindre un à deux millions de francs par an et par centrale.

Les routiers européens pour un assouplissement des temps de conduite

L'Union international des transports routiers demande aux ministres des Transports des «Douze» d'assouplir la réglementation sur la durée temps de conduite et de repos dans la Communauté européenne.

Elle critique vivement les propositions de la commission soumises aux ministres des Transports et qui visent à assouplir les horaires de conduite pour les camionneurs. Ces propositions, selon l'Union alourdissent en fait la réglementation sociale, car elle allongent les temps de repos obligatoire. Toutefois, selon les responsables de l'Union, les syndicats de conducteurs ne se sont pas ralliés à leur position bien qu'ils réclament, eux aussi, un assouplissement des normes européennes.

Photo: le marché français toujours stagnant

La concurrence de la vidéo et la baisse du pouvoir d'achat des ménages ont provoqué une stagnation du marché français de la photo, qui a enregistré une baisse de 5 %, poursuivant ainsi un recul amorcé l'an passé, indique une étude du groupe Kodak.

Les ventes d'appareils, toutes marques confondues, ont atteint deux millions d'unités l'année dernière, mais certains modèles se sont mieux comportés que d'autres. Les appareils pour photo instantanée ont connu un très net recul. Les pellicules diapositives et le noir et blanc sont en stagnation tandis que le film amateur super 8 subit de plein fouet la concurrence de la vidéo portable.

Points de repère 23

«E.D.F.: quarante centrales arrêtées»

1 What will be the effect of the E.D.F. policy announced yesterday?
2 What are the two reasons given for the closures?
3 Which three types of power station are affected?
4 Will much unemployment result from the closures?
5 Give details of the effects on the local communities involved.

References: E.D.F.
Vocabulary: centrale, déclassement, la mise à l'écart, licenciement, déplacement, taxe professionnelle, taxe foncière, unité de production

«Les routiers européens pour un assouplissement de temps de conduite»

1 What is the transport owners federation asking the ministers to do?
2 Do the owners and the ministers mean the same thing by the word 'assouplir' in this context?
3 What main objection does the federation have to the proposals put forward by the Transport ministers?
4 What is the attitude of the drivers' unions?

References: 'Douze'
Vocabulary: assouplir les horaires, alourdir, la réglementation sociale

«Photo: le marché français toujours stagnant»

1 Why is the photographic market stagnant?
2 How is last year's figure of 2 million cameras calculated?
3 Give details of the four areas of photographic equipment which are not selling well.

Vocabulary: un recul amorcé, toutes marques confondues, de plein fouet, appareils

Contrôle des changes:

1 Un Français se rendant comme touriste à l'étranger a le droit de prendre avec lui 5 000 francs, en devises ou en francs français, par voyage.
2 Le touriste français peut se rendre dans une banque étrangère et retirer avec sa carte de crédit, et avec son carnet de chèques, 2 000 francs par semaine. Cette banque doit, bien sûr, être affiliée au réseau de la carte de crédit du voyageur.
3 L'utilisation des cartes de crédit pour les dépenses courantes est autorisée dans les pays étrangers.
4 Si le touriste français veut emporter avec lui davantage d'argent que les 5 000 francs autorisés, il faut qu'il en demande l'autorisation préalable à la Banque de France par l'entremise de sa banque personnelle.
5 Cette législation découle d'une circulaire du 31 juillet 1984.

ÉCHANGES: hausse des importations néerlandaises en France

La croissance des exportations néerlandaises vers la France, pendant la période janvier-août, a été plus importante que celle des exportations françaises en direction des Pays-Bas: elles ont atteint 14,8 milliards de florins (1 florin = 2,72 francs), soit une hausse de 19,3 % par rapport à la même période l'année dernière, tandis que les exportations françaises ont totalisé 7,7 milliards de florins, soit une augmentation de 14,3 %.

L'an dernier, les Pays-Bas ont enregistré un excédent commercial de 7,3 milliards de florins avec la France.

TÉLÉCOMMUNICATIONS: radio-téléphone franco-allemand, nouveau départ

Il y a un an, les ministres des P.T.T. français et allemand décidaient de créer un réseau de radio-téléphone de voiture. Pour ce projet — téléphone cellulaire à partir du système analogique — un appel d'offres était lancé. Obligation pour les soumissionnaires: le produit serait réalisé par une équipe comprenant obligatoirement une entreprise française et une entreprise allemande, l'une pouvant se charger de la commutation, l'autre des systèmes de transmission.

A la demande du gouvernement allemand, le projet a été remanié au début de l'automne, la R.F.A. voulant qu'on en vienne tout de suite à un réseau de radio-téléphone numérique, seul système qui sera partout en service à la fin de la décennie. Le nouvel appel d'offres va être lancé incessamment. Mais cette fois, on ne demandera aux constructeurs que la présentation d'un projet simplifié qui devra toutefois être chifffé. Dans un deuxième temps seront alors commandées les prémaquettes d'étude aux entreprises qui auront été retenues.

Points de repère 24

«Contrôle des changes»

1 What are the rules governing the use of a credit card abroad?
2 What is the situation regarding the taking of cash or currency abroad?

Vocabulary: devise, préalable, par l'entremise de, découler

«Échanges»

1 What period is covered by these statistics?
2 What is the significance of these figures?
   (a) 19.3 per cent
   (b) 14.3 per cent
   (c) 7.3 milliards

Vocabulary: excédent

«Télécommunications»

1 What decision was taken a year ago?
2 How would those tendering for the contract have to take national feeling into account?
3 What changes were made in the Autumn at the Germans' request?
4 In what form will the new tenders be submitted?

References: P.T.T., R.F.A.
Vocabulary: incessamment, un appel d'offres, soumissionnaires, prémaquettes

READING

ACTUALITÉS

The reading passages in this chapter are longer authentic newspaper articles, and may be used in a variety of ways, such as for practice in summary writing, overall comprehension or translation. The suggested assignments provide starting-points for spoken or written work derived from the texts.

La présence française en mer du Nord

La présence française en mer du Nord est surtout liée pour le moment à l'exploitation du gaz de Frigg, gisement situé sur le 60e parallèle, à 300 kilomètres de la côte écossaise.

Ce champ – l'un des plus importants de la mer du Nord – est à cheval sur les territoires britannique et norvégien. Dans la partie britannique, *Elf-UK* possède 44,4/9 % des capitaux, *Aquitaine UK*, 22,2/9 % et *Total Oil Marine*, 33,1/3 %.

Seulement 40 % des réserves et de la production de Frigg sont britanniques, mais l'ensemble du gaz extrait est acheminé au « terminal » écossais de Saint Fergus par oléoduc. L'exploitation a commencé en 1977 et elle fournit au Royaume-Uni environ le tiers de ses besoins en gaz.

Plus récemment, les deux compagnies françaises (*Total* étant l'opérateur et *Elf-Aquitaine* le détenteur de capital majoritaire) se sont lancées dans le développement du champ d'Alwyn-nord qui se trouve à 110 km au nord de Frigg. Coût officieux des investissements : 18 milliards de francs. Le champ a été découvert en 1975 et la production (pétrole et gaz associés) devrait commencer début 1988.

Le directeur d'Elf UK, Arnaud Rousseau, quarante-huit ans, qui vient d'avoir les honneurs d'un portrait dans le *Financial Times* (la bible des milieux d'affaires) est conscient du fait qu'Alwyn-nord « ne dégagera jamais beaucoup de profits ». Mais, selon lui, l'entreprise n'est pas à haut risque.

En tout cas, il déconseille à son personnel de trop innover dans le domaine technologique. « *Ne soyez pas trop intelligents*, dit-il, *contentez-vous de réaliser ce que nous avions prévu de faire au début du projet en 1982.* » L'expérience de Frigg est là, en effet, pour l'inciter à la prudence : les coûts ont été trois fois plus élevés que ceux prévus initialement...

Cela dit, les sociétés pétrolières les plus représentées en zone britannique sont, de loin, anglaises et américaines. Dans l'ordre : *Shell, Conoco, B.P., Britoil, Phillips* et *Texaco. Total* arrive en septième position avec *Amoco.* Parmi les firmes françaises installées outre-Manche c'est elle qui a le plus gros chiffre d'affaires, devant *Talbot* et *Michelin.*

1   La présence française en mer du Nord
Assignment

Draw up a short speech to share-holders of Elf-Aquitaine, justifying a French presence in the North Sea, outlining French involvement and pointing out financial and other benefits.

AÉRONAUTIQUE

Nouveau long-courrier pour Airbus Industrie

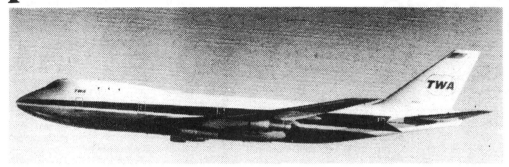

Le Boeing 747 avec lequel Airbus cherche à rivaliser.

Le consortium européen Airbus Industrie a décidé de relancer son projet d'avion long courrier « TA 11 » de 200 à 300 places, pour casser le quasi-monopole de l'Américain Boeing et de son 747, a indiqué, hier, à l'A.F.P., un porte-parole d'Airbus.

Si les conditions du lancement du « TA 11 » sont réunies en 1986, comme on l'espère actuellement chez Airbus, il pourrait entrer en service au début des années 1990.

Le projet du « TA 11 », qui figurait depuis de nombreuses années dans les cartons d'Airbus industrie, est jugé rentable, le marché mondial pour ce type d'appareil doté d'un rayon d'action de 10 000 à 12 000 km s'étant précisé, selon les dernières études d'Airbus industrie, publiées dans la lettre d'information du groupe.

Airbus industrie qui chiffre le marché global des longs courriers à 1 140 appareils jusqu'en l'an 2002 pour les pays occidentaux, souligne que l'essentiel des besoins émane des compagnies non américaines.

L'Europe devrait, en effet, selon l'étude, représenter 35 % du marché total, l'Amérique du Nord 23 %, l'Asie et le Pacifique 22 %, le reste se répartissant entre l'Afrique, l'Amérique du Sud et le Moyen-Orient.

Le futur « TA 11 » « offrirait la possibilité aux compagnies aériennes d'échapper à la situation de monopole prévalant actuellement dans la catégorie des avions longs courriers, qui permet à un constructeur américain (Boeing) de dicter ses prix au marché », estiment les responsables d'Airbus industrie.

Sur un vol comme Londres-Los Angeles, explique-t-on chez Airbus, une compagnie aérienne aurait davantage intérêt à faire voler deux « TA 11 » en parallèle (l'un le matin, l'autre l'après-midi, par exemple), qu'un seul appareil gros porteur (de 400 à 600 places), car il est beaucoup plus facile de répartir le trafic passagers sur deux vols que de le concentrer sur un seul.

Deux versions du « TA 11 » sont actuellement envisagées : le « TA 11-100 » d'une capacité de 200 à 260 passagers et le « TA 11-200 » qui pourrait transporter 300 passagers environ.

2 Nouveau long-courrier pour Airbus Industrie

Assignments

1 With a partner, prepare questions on the details of the proposed launch of the new plane. Interview each other on the project, taking turns to play the role of spokesman for the company and reporter.
2 Rewrite the article in French in a more chauvinistic tone emphasising the need to combat the US near-monopoly.

RÉPARATION NAVALE

Menaces sur les chantiers de l'Ouest

Assignment

You are a reporter on the newspaper 'Ouest-France'. Imagine the interview with a union member working for A.F.O., asking him about the feeling of the men and about union opposition to the proposed restructuring of the company.

Les Ateliers français de l'Ouest (A.F.O.) hésitent et vacillent au gré des semaines : déposer ou ne pas déposer le bilan. Le chef de file de la réparation navale française, qui emploie quelques 3 600 personnes, a « failli » le faire la semaine dernière et avait « presque » prévu de la faire demain. Jacques Etchegaray, P.-D. G. du groupe répondait hier : « *Nous ne déposerons pas le bilan jeudi et peut-être même jamais.* » Ce « peut-être » est d'importance car le dossier A.F.O. traîne sur le bureau du C.I.R.I. depuis quelques mois déjà.

Le Comité interministériel de restructuration industrielle, qui discutait encore hier matin sur ce dossier, propose environ 100 à 110 millions d'aides au groupe. Une aide sous condition : supprimer sept cents emplois sur l'ensemble de ses six établissements à Brest essentiellement mais aussi à Saint-Nazaire, à Dunkerque, au Havre, à Grand-Quevilly (près de Rouen) et à Dieppe.

L'entreprise était sensée, en outre, retrouver son équilibre financier à la fin de cette année après avoir réalisé 140 millions de francs d'économies.

Avec l'appui des Pouvoirs publics et celui, maugréant, des banques nationalisées, on se demande ce qui pourrait provoquer la demande de mise en réglement judiciaire du groupe. « Il manque de l'argent » est la réponse que l'on entend le plus fréquemment dans les établissements du groupe. Mais plus que cela, il semble que ce soient des dissensions au sein du conseil d'administration des A.F.O. qui provoquent ces valses-hésitations autour du dépôt de bilan.

Dissensions

Certains voudraient aller vite d'autres en revanche mettent la meilleure volonté du monde à ne pas franchir le pas. Des dissensions qui n'expliquent pourtant pas intégralement l'éventuelle restructuration de l'actionnariat du groupe. Usinor aurait même été contactée pour prendre une participation dans la nouvelle société en cours d'élaboration. Son entrée se ferait aux côtés de Dubigeon-Normandie qui détient pour l'instant plus de 78 % du groupe, Total pour 12,5 %, la Compagnie générale maritime 4,50 %.

Le seul schéma connu pour le moment repose sur le regroupement de 5 établissements dans un holding alors que le Grand-Quevilly qui se trouve (par hasard) dans la circonscription de Laurent Fabius pourrait fort bien être rattachée aux chantiers navals. Tout le problème est là : pour faciliter la restructuration industrielle et financière du groupe, le réglement judiciaire voire la liquidation serait une solution technique particulièrement intéressante mais coûteuse sur le plan commercial.

Un réglement judiciaire n'est jamais sans conséquence sur la réputation d'un groupe auprès de ses clients. Les syndicats particulièrement mobilisés et opposés à la restructuration de l'entreprise ne sont pas non plus un facteur apaisant : quelques dizaines de personnes suffisent, en effet, à bloquer l'ensemble des ports français.

Anne SALOMON.

Quel avenir pour la voiture électrique ?

Le véhicule électrique a connu, durant trois jours d'exposition à Versailles, son heure de gloire, sortant de l'ignorance où il est tenu. S'il ne semble pas adapté aux besoins des particuliers, il convient, en revanche, très bien aux flottes captives qui rentrent au même garage tous les soirs. Le symposium de Versailles a ainsi présenté les derniers travaux des constructeurs.

Il intervient quelques jours après la présentation de la 205 électrique conçue par Peugeot avec S.A.F.T. et Leroy-Sommer, et alors que le ministre de l'Industrie, M. Laurent Fabius vient de demander aux P.T.T. et à l'E.D.F. d'expérimenter ces véhicules.

« Les derniers progrès techniques devraient faire échec au septicisme rencontré en vingt ans de bataille pour le développement de la voiture électrique » a affirmé M. Jean-Pierre Cornu, président d'A.V.E.R.E. France.

Ce type de véhicule « est une chance pour l'Europe, notamment sur le plan énergétique », a ajouté M. Cornu. Selon une enquête de l'Agence française pour la maîtrise de l'énergie et de l'Union des transporteurs publics, la circulation urbaine représente le quart de la consommation de carburant du secteur des transports, soit 14 milliards de francs par an.

« A l'échelle de la C.E.E., cela représente 70 milliards de francs par an, et le développement de véhicules urbains électriques peut constituer un atout maître pour l'indépendance énergétique de l'Europe », estime M. Cornu.

Les organisateurs mettent l'accent sur la fiabilité et le confort des modèles. Ainsi, la firme britannique Lucas souligne-t-elle que deux véhicules exposés à Versailles sont venus de Grande-Bretagne par la route, sans incident, avec une recharge de batteries tous les cent kilomètres.

Pour M. Jean Auroux, la voiture électrique est « un outil qui va se développer rapidement, en ville ».

Les promoteurs restent néanmoins prudents sur le plan commercial. « Le marché se développera inéluctablement, mais il n'existe pas encore », a estimé M. Cornu.

Pour atteindre 20 000 véhicules vendus en France d'ici 1990, les spécialistes comptent sur la commande de plusieurs centaines de voitures par les administrations publiques après l'expérimentation décidée par E.D.F. et les P.T.T., afin de montr au public les qualités de ces véhicules.

4   Quel avenir pour la voiture électrique?

Assignments

1   Imagine the conversation in French between a salesman and a businessman who commutes 40 kilometres each day between his home and place of work.
2   Draw up a publicity handout to promote an electric car.
3   Write to Peugeot and ask them to send you details of the 'Peugeot 205 électrique' and to Lucas, in English this time, to obtain details of their electric cars.
4   Using the Peugeot brochure as your source of information, devise another telephone conversation between an inquirer and a Peugeot salesman.

P.S.A. demande 2 milliards à l'État

Les deux tiers de ce prêt serviraient aux investissements pour la Citroën ZA.

P.S.A. a déposé une demande de prêt de deux milliards de francs au Fonds industriel de modernisation (F.I.M.) qui dépend du ministère du Redéploiement industriel et du Commerce extérieur. Ce n'est pas la première fois que le constructeur privé fait une telle demande. Déjà cette année, Peugeot a reçu un prêt de 700 millions de francs du F.I.M. Les conditions financières d'un prêt F.I.M. sont actuellement de 9,25 %.

Les deux tiers de ce prêt seraient consacrés au lancement de la Citroën ZA, prévu pour le milieu de l'année 86. La Citroën ZA sera une voiture bas de gamme, appelée à prendre le relais de la LN et de la Visa. Compte tenu des délais assez longs pour que les investissements puissent être réalisés – environ un an et demi – il faudrait que le F.I.M. donne sa réponse « *dans les six mois à venir* » dit-on chez P.S.A.

L'usine Citroën d'Aulnay-sous-bois serait donc la grande bénéficiaire de ce prêt, puisque c'est elle qui sortira ce nouveau modèle. Au F.I.M. on déclare que la décision ne sera de toute façon prise que pour l'année prochaine, mais qu'en tout état de cause, les délais d'octroi sont très rapides (environ un mois) une fois la décision prise.

Le dernier tiers des deux milliards demandés par Jacques Calvet, président du directoire de P.S.A., concerneraient des « rénovations ponctuelles », dit-on au siège du constructeur. Il correspond à un montant équivalent au prêt accordé cette année pour rénover le site de Poissy.

Jacques Calvet a fait sa demande pour le lancement de la ZA. Mais cette somme pourrait bien, d'une façon plus générale, être utilisée par Citroën pour faire face à une situation financière difficile. On s'attend, encore cette année, à des pertes de l'ordre de celles de l'année dernière, soit vraisemblablement plus d'un milliard de francs (1,3 milliard en 1983).

La gaffe Talbot

Les investissements concernant la C 28 – nom de code du prochain modèle Peugeot-Talbot – sont en cours sur le site de Poissy. Ils sont évalués à 1,2 milliard de francs. La grande inconnue reste le nom de baptême que prendra ce modèle ; Sera-t-il Peugeot ou Talbot ? On a toujours fait savoir chez P.S.A. que la décision serait rendue publique au dernier moment (automne 1985). Mais il semble bien que le choix soit déjà bel et bien arrêté au niveau des états-majors.

Le bon sens inciterait à penser que la C 28 sera une Peugeot. La griffe Talbot risquerait trop de mal augurer du lancement de ce nouveau modèle quand on sait que la marque au « T » continue mois après mois à dégringoler » : moins 53 % sur les neufs premiers mois 1984 par rapport à la même période de l'année précédente.

G. Z.

◄5 **P.S.A. demande 2 milliards à l'État**

Assignment

Draw up a speech in French to sell the need for government aid to finance re-development and the new model in the Citroën range.

6   Télévision: les quotas publicitaires augmentés de 12% ►

Assignments

1   Using the quotations made and other facts in the article, recreate a short speech that M. Jean Cluzel might have made to illustrate his concern over the financial affairs of the French television companies.
2   Compose a speech in French which would reflect the views of an irate television licence-holder when confronted with the rise in cost of the licence and the facts in the article.
3   Imagine you are M. Georges Fillioud, secrétaire d'État. Present his case for the way in which he has chosen to raise the funds necessary to grant an increase of 5.62% to French radio and TV companies.

Télévision : les quotas publicitaires augmentés de 12 %

au détriment de la presse écrite

Le 22 août tard dans la soirée, à l'issue d'une laborieuse émission sur « l'audiovisuel de demain », M. Christian Dutoit, directeur général d'Antenne 2, affirmait : « *Actuellement la T.V. coûte 2 francs par jour à chaque possesseur de poste. Ce n'est pas le juste prix.* »

M. Dutoit reprenait un refrain usé à force d'être entamé, dans les couloirs de la télévision « Il n'y a plus assez d'argent ».

M. Georges Fillioud, secrétaire d'État aux techniques de la communication, et véritable patron de l'audiovisuel, avait pourtant annoncé auparavant que le budget de la T.V. et de la Radio serait augmenté de 5,62 %, ce qui n'était pas si mal en période de crise. En 1985 le service public (T.V. et Radio) pourrait dépenser 6 769,2 millions de francs contre 6 266 millions en 1984.

Les téléspectateurs devaient, en partie, faire les frais de cette augmentation en payant la redevance 641 F au lieu de 526 F (pour les postes couleurs).

L'argent par les fenêtres

Mais cela n'a pas suffi pour combler les trous de trésorerie – pour apurer les déficits, M. Fillioud vient donc d'autoriser les trois chaînes de T.V. à augmenter leurs quotas publicitaires.

En pourcentages et en chiffres, cela donne +8,08 % (1 337 millions) pour TF 1 ; +13 67 % (1 222 millions) pour Antenne 2 et +24,9 % (374,7 millions) pour FR 3.

En clair, une augmentation globale de 12,3 % contre 7,14 % en 1984 !

Il est évident que ces sommes, importantes, détournées légalement par les pouvoirs publics, n'alimenteront plus les différents budgets, de la presse écrite par exemple. Une nouvelle atteinte aux libertés doublée d'une absurdité.

Au-delà du rationnement des budgets publicitaires de la presse écrite et de la nouvelle ponction opérée sur le portefeuille des téléspectateurs, il faut savoir que ces centaines de millions distribués par le pouvoir politique ne serviront à rien. Et sûrement pas à améliorer les programmes. Car, dans le service public, « *on jette l'argent par les fenêtres sans souci de rentabilité* », accuse le sénateur Jean Cluzel, qui joue à l'égard de la télévision le rôle de la Cour des comptes vis-à-vis des différents services de l'État.

Il a malheureusement raison. L'augmentation des ressources de la télévision ne se traduit pas par l'accroissement des programmes, ce que l'on serait en droit d'attendre. Bien au contraire. TF 1 a produit 174 heures d'émissions en 1979, 103 en 1982 et 114 en 1983. Antenne 2 : 193 heures en 1979 et 190 en 1982. « *Sur les cinq derniers exercices, les moyens mis á la disposition du service public ont augmenté de 91,6 %, dont 45,4 % pour les seules années 1982 et 1983* », selon le dernier rapport du sénateur Cluzel. Dans le même temps le volume des rediffusions augmentait de 21 % !

La télévision est depuis deux ans dans la situation d'un emprunteur dont le panier se-rait éternellement percé. « *Plus il y a de l'argent, plus on en dépense, souvent à tort* », ajoute le sénateur Cluzel qui fournit des chiffres irrécusables : « *Dans l'euphorie de la victoire socialiste plus de deux mille cinq cents personnes ont été recrutées, les effectifs passant de 15 117 employés au 30 juin 1981 à 17 671 personnes à la fin de 1982.* »

Erreurs et gâchis

Depuis, le rythme des engagements n'a cessé de croître. A TF 1 par exemple, une douzaine de journalistes pigistes ont été engagés cet été alors que plusieurs dizaines de titulaires réclamaient du travail.

M. Jacques Baumel qui préside « l'Association pour une télévision de libre expression » a beau dénoncer « *les erreurs de gestion, le gâchis généralisé et les complaisances* », rien n'y fait. La Haute Autorité de l'audiovisuel (pourtant émanation de l'État) avait aussi senti le besoin de prévenir en rendant publique une lettre le 30 avril dernier : « *Les téléspectateurs sont en droit d'attendre une gestion plus efficace de ces ressources importantes dont la finalité est de produire des images, non des bilans.* »

Malgré ces mises en garde, avec bonne conscience, la télévision demande encore plus d'argent pour mieux le gaspiller. Le pouvoir vient de lui accorder près de trois milliards sans même savoir l'usage qu'elle en fera...

Jacques PERRIER.

7   **Les réalités de Canal Plus**
Assignment
Prepare a defence of Canal Plus, answering the criticisms in the article. With a partner, take the part of supporter or critic of Canal Plus and act out the dialogue.

Les réalités de Canal Plus

PAR JACQUES PERRIER

*C*ANAL PLUS, la quatrième chaîne à péage, qui ouvre son antenne dimanche à 8 heures du matin, est le microcosme parfait de la société socialiste qui l'a engendré : flots de promesses, avalanches de chiffres flatteurs, comparaisons astucieuses, extraits de sondages sortis de leur contexte, autosatisfaction affichée, verbiage embrouillé.

Ce patchwork d'un optimisme forcé masque mal une réalité bien différente.

Imaginé par le chef de l'État, créé par André Rousselet, personnage clé de l'audiovisuel, *Canal Plus* est — à la veille de son lancement — un échec probable et un gouffre financier certain.

Si *Canal Plus* n'était pas soutenu majoritairement par l'État au travers de sociétés inféodées (Agence Havas, 42,14 % du capital, Société générale, 20 %, Compagnie générale des eaux, 15 %, Garantie mutuelle des fonctionnaires, 5 %) M. Rousselet aurait déjà dû déposer son bilan avant même que d'exister.

Après avoir imaginé 400 000, puis 300 000 abonnés, *Canal Plus* atteindra péniblement le chiffre de 200 000, ce soir à minuit. Chiffre qui sera, bien entendu, proclamé avec éclat. Mais, sur ces 200 000 abonnés laborieusement obtenus, à l'issue de trois campagnes publicitaires où des sommes considérables ont été engagées, 40 % n'ont signé qu'un abonnement de six mois.

Vingt-cinq ou trente mille abonnés — à *Canal Plus* on ne sait pas — possédant un poste antérieur au 1ᵉʳ janvier 1981 attendent *l'adaptateur* remplaçant la prise Péritel. Cet adaptateur promis par écrit par *Canal Plus* n'est pas encore fabriqué.

Trente mille autres abonnés espèrent recevoir d'ici deux ou trois semaines le décodeur indispensable qu'ils ont loué (420 F de caution) et qui ne leur a pas été livré.

Finalement, l'« instrument de rêve » (selon M. Rousselet) n'intéressera demain que 150 000 foyers au maximum, c'est-à-dire environ 450 000 téléspectateurs, enfants compris.

« Avec un budget annuel de fonctionnement légèrement inférieur à 800 millions de francs, à comparer avec les quelque 2,3 milliards de francs de TF 1 », ajoute-t-on modestement à *Canal Plus*.

En oubliant que, pour un budget certes triple, la première chaîne obtient en moyenne vingt fois plus d'audience.

Ce qui revient à dire que *Canal Plus*, en termes comptables, coûtera environ dix-sept fois plus cher que la télévision officielle où l'on gaspille déjà allègrement l'argent des contribuables.

J. P.

ÉQUIPEMENT

Richier en liquidation

Le tribunal de commerce de Nanterre a prononcé hier la liquidation de biens de l'entreprise Richier (714 salariés), numéro deux français dans le secteur des matériels de travaux publics, et un syndic, Me Calmels, a été nommé.

Il y a des entreprises qui n'on vraiment pas de chance. Ainsi de Richier créée en 1929. Depuis plus de dix ans, ce leader français des matériels de travaux publics va de difficultés en difficultés. Qu'on en juge.

En 1972, l'entreprise croit entrevoir une solution à ses problèmes financiers : elle est reprise par Ford. C'est pour elle la perspective d'accéder au marché international par le biais du réseau du géant américain. Mais la crise arrive, et malgré différentes mesures d'assainissement les comptes de la société restent au rouge.

Fin 1978, des licenciements sont décidés. Début 1979 la direction du groupe Ford annonce sa décision de céder sa participation largement majoritaire dans la société Richier. Cet abandon provoque l'inquiétude des 2 600 employés qui travaillent dans quatre usines, dont près de la moitié dans les Ardennes, déjà très touchées par la crise. Chez Richier, on se montre ferme : il n'y aura aucun ralentissement des activités, assure-t-on. Voire !

Richier tombe de haut et doit, à cause du départ de Ford, abandonner ses espérances de développement à l'étranger. Quelques mois plus tard, on apprend pourtant que Sambron va reprendre à Ford une parie des activités de Richier. Dans l'entreprise, on se reprend à espérer. En octobre 1979, la décision est prise : Richier passe sous l'aile de Sambron et les pouvoirs publics acceptent de participer au sauvetage à raison de 70 millions de francs.

Deux ans plus tard, c'est l'échec. La société qui n'a plus alors que 850 salariés est de nouveau à vendre. Mais, la crise aidant, les candidats à la reprise ne se bousculent pas. Les pouvoirs publics ont, avec Richier, un dossier difficile à régler : les besoins sont de l'ordre de plus de 100 millions. L'entreprise est mise en règlement judiciaire.

Début 1983, on parle — déjà — d'une possible liquidation de biens. Survient l'homme de la dernière chance, Gilles Poncin, un industriel ardennais spécialisé dans la fabrication de petits véhicules tout terrain. Les pouvoirs publics hésitent encore. Longuement. Finalement, début 1983, le gouvernement donne son accord à la solution présentée par Gilles Poncin. Mais, pour les salariés de Richier, c'est toujours le régime de la douche écossaise : on parle quelques semaines plus tard d'un possible retrait de cet industriel si aucune solution financière n'est au plus vite trouvée. *In extremis*, un plan de financement est adopté.

Mais voici que le marasme des travaux publics a eu raison de Richier. L'entreprise comptait sur un important marché en Algérie (150 pelles et 150 rouleaux) ; elle ne l'a pas emporté, malgré ses attentes. Il y a quelques jours, la direction demandait une nouvelle aide de 120 millions de francs. Elle ne l'a pas eue non plus.

8 Richier en liquidation

Assignment

Write an account in the first person of the troubled years from 1972 as if you are an employee. Show how the employee's hopes and fears for the stability of his job and prospects were raised and dashed and raised again, only to be finally destroyed as the firm went into liquidation.

FLEXIBILITÉ

Emploi : tension avant la négociation

Le patronat a remis jeudi soir aux organisations syndicales un projet de protocole d'accord sur l'adaptation des conditions d'emploi. Le texte a suscité des réticences chez les partenaires sociaux. La négociation sera difficile. D'autant que la C.G.T. met tout en œuvre pour l'échec.

A quelques heures de la reprise de la négociation sur l'adaptation des conditions d'emploi, le ton s'est durci dans les rangs syndicaux. Il est vrai que ces derniers ont reçu, jeudi soir, l'avant-projet de protocole que devait leur remettre le C.N.P.F. Ce texte, sous cinq têtes de chapitre (mutations technologiques, durée et aménagement du temps de travail, procédures de licenciement, seuils, travail différencié), précise les orientations que le C.N.P.F. a déduites des douze séances de négociations qui ont eu lieu ces derniers mois.

Pour le patronat, l'objectif de cette négociation est de rendre aux entreprises un espace de liberté sans que cela se traduise par une remise en question des garanties souhaitées par les salariés. Le projet de protocole correspond-il à cet objectif ? Non, semblent répondre les organisations syndicales dans une première réaction à chaud livrée hier après une première lecture. Ainsi,

Jean-Louis Mandinaud qui conduit la délégation de la C.G.C., considère que ce projet ne peut-être « une réelle avancée ». Selon lui, trop d'éléments restent « inacceptables ». La C.F.D.T. qui tenait hier matin une conférence de presse, à la suite de son bureau national, s'est également prononcée dans ce sens. Jean-Paul Jacquier, secrétaire-national de la C.F.D.T., a, en effet, affirmé que le document remis « n'était pas acceptable en son état ». Le contenu ne pouvant pas « constituer une base sérieuse de négociation ».

Mais l'alourdissement du climat, avant la reprise de la négociation, vient surtout de la position adoptée dès mercredi par la C.G.T., avant même que ne soit connu le projet patronal. Pour l'organisation d'Henri Krasucki, la volonté patronale, « sous couvert de négociations sur la flexibilité de l'emploi » est de « casser tout le système des garanties collectives des salariés ». *Dans les rangs*

cégétistes, la prochaine échéance du quinze décembre, jour qui devrait voir la conclusion de la négociation, est déjà présentée comme une « date noire ».

Mais l'argumentation développée par la C.G.T. pour dénoncer les intentions patronales n'est pas du goût des autres partenaires syndicaux. André Bergeron l'a fait savoir, disant qu'il n'avait de leçons à recevoir de personne. Quant à la C.F.D.T., elle a carrément déclaré que la C.G.T. mentait. En dénaturant la réalité de la négociation, la C.G.T., selon Jean-Paul Jacquier, « *montre qu'elle ne veut pas prendre sa part dans la bataille de l'emploi* ».

C'est donc dans un climat sans doute tendu que les discussions reprendront lundi. Mais cela ne doit cependant pas masquer la réelle volonté de la majorité des partenaires sociaux à parvenir à un accord.

◄ **9   Emploi: tension avant la négociation**

Assignments

1   With partners, prepare a discussion between representatives of C.G.C., C.F.D.T., and C.G.T. on the employers' latest document.
2   Prepare a statement to be read at a press conference, emphasising union opposition to the C.N.P.F. document and playing down the split in the union ranks.

10   Conférence laitière: le cri d'alarme des jeunes éleveurs

Assignment

Imagine the conversation between a 'jeune éleveur manifestant' and an official of the préfecture at Rouen.
1   Allow both sides to express their views and put their case calmly.
2   Raise the tone and redraft the conversation so that it becomes emotional, with accusations flying on both sides.

AGRICULTURE

Conférence laitière : le cri d'alarme des jeunes éleveurs

Le Centre national des jeunes agriculteurs (C.N.J.A.) estime à 25 000 le nombre des producteurs français de lait à éliminer en théorie pour maintenir tous ceux qui resteront à leur niveau de production actuelle et permettre aux jeunes éleveurs et à ceux qui se modernisent, de se développer correctement.

A l'occasion de la conférence laitière qui se tient actuellement à Paris, le C.N.J.A. a indiqué qu'il fallait libérer 1,5 million de tonnes de lait, ce qui correspond, en moyenne nationale, à 25 000 producteurs pour opérer une restructuration satisfaisante du secteur laitier. Ce chiffre ne prend pas en compte les 400 000 tonnes laissée par les producteurs âgés qui les transmettront immédiatement à leurs enfants et ne sont donc pas concernés par le plan de restructuration global.

En revanche, ce tonnage, qui est trois fois supérieur à la réduction de production de 500 000 tonnes imposée à la France par Bruxelles pour 1983-1984, tient compte des besoins de croissance des jeunes qui s'installent hors succession du père (100 000 tonnes) et des producteurs en phase de développement (550 000 tonnes).

Le C.N.J.A. estime par ailleurs à 500 000 tonnes le tonnage à libérer pour maintenir les autres producteurs à leur niveau actuel, auquel il ajoute 350 000 tonnes pour compenser les pertes de production des éleveurs en difficulté, notamment du fait des calamités du printemps dernier.

De source officieuse, les pouvoirs publics évalueraient à un million de tonnes le volume de production à libérer pour respecter les mêmes impératifs. Ce chiffre correspond théoriquement à l'élimination de 16 000 producteurs sur la base de la moyenne nationale de 60 000 litres de production par an et par exploitant.

Mais il faut savoir que la moyenne nationale de production des éleveurs âgés de plus de soixante-cinq ans ne dépasse pas les 16 000 litres par an.

Ce chiffre porte à 62 000 dans l'évaluation des pouvoirs publics ou 100 000 dans celle du C.N.J.A., le nombre des exploitants à éliminer sachant qu'actuellement en France 50 000 producteurs de lait ont plus de 65 ans.

Même scepticisme de la part de la Confédération nationale des syndicats de travailleurs paysans (C.N.S.T.P.) qui estime que le ministre ne lui a donné aucune garantie concernant le maintien du potentiel de production des éleveurs, notamment dans les zones défavorisées.

Ce silence des pouvoirs publics inquiète considérablement ce syndicat minoritaire, qui leur avait déjà signalé le fait que dans certaines régions des entreprises laitières ont décidé arbitrairement de suspendre le ramassage de lait chez les plus petits producteurs ou dans les zones d'accès les plus difficiles.

En revanche, les travailleurs-paysans déclarent avoir l'espoir de voir aboutir quelques-unes de leurs autres revendications, notamment l'application effective de la mesure d'interdiction des primes de quantité adoptée en 1981, et une plus grande transparence de l'évolution de la collecte laitière par les entreprises, pour avoir un contrôle de la gestion des quotas laitiers.

Des manifestations diverses ont encore eu lieu hier dans plusieurs régions françaises. A Beauvais, des producteurs ont envahi la préfecture ; à Rouen, une centaine d'agriculteurs ont défilé dans les rues de la ville.

« Des hommes ont faim, le lait source de vie », pouvait-on lire sur la banderole qui figurait en tête du cortège. Les manifestants, accompagnés par deux vaches et agitant des bidons de lait, ont tourné autour de la préfecture de la Seine-Maritime avant de se disperser sans incidents.

Un peu partout, le ton monte. Le monde agricole en émoi.

CONSOMMATION

Beurre de Noël jusqu'à Pâques

50 000 tonnes de stocks de beurre vont être débloquées. Vendues au détail, elle représenteront la moitié de la consommation.

Opposants et partisans du « beurre de Noël » à prix réduit qui permet d'éponger les excédents, s'affrontent depuis plusieurs semaines. Il semble que ce sont les seconds qui vont avoir gain de cause. On n'attend plus qu'une décision de Bruxelles le 16 novembre. En ce qui concerne la France, le Conseil de direction de l'ONILAIT (office national du lait) vient d'évoquer ce problème. Il apparaît que tout est prêt pour le démarrage de cette opération : prix, quantités, durée. Les administrations concernées sont prêtes.

Pour ce « cadeau aux consommateurs » Noël durera, quatre mois, jusqu'à Pâques. La plaque de deux cent cinquante grammes coûtera 4,40 francs maximum (ce qui met le beurre à moins de 18 francs le kilo soit de 40 à 50 % moins cher que le prix ordinaire). Un total de

50 100 tonnes de stocks seront ainsi dégagées : dont 39 600 tonnes de stocks publics de 10 500 tonnes de privés.

La consommation moyenne des ménages français s'élevant à quelque 25 000 tonnes par mois, les 50 000 tonnes déstockées sur quatre mois en représentent donc la moitié. Il est évident que de telles baisses de prix sur de telles quantités permettent de faire régresser l'indice des prix à la consommation. La seule incidence du beurre de Noël fera gagner à M. Bérégovoy de 0,1 à 0,2 % sur l'évolution des prix.

Le comité de gestion exceptionnel qui s'est réuni mercredi soir à Bruxelles devait donner le feu vert pour lundi prochain. Mais le règlement des excédents européens étant lié entre eux, le problème des ventes d'autres stocks de beurre à des pays tiers, re-

pousse la décision au 16 novembre.

Si le Beuc (bureau européen des consommateurs) qui avait insisté auprès de la Commission européenne pour le rétrécissement du beurre de Noël, et le gouvernement français qui garde les yeux fixés sur la ligne rouge de l'indice, peuvent se trouver également satisfaits, il n'en va pas de même pour les professionnels. La Fédération nationale des coopératives laitières (F.N.C.L.) et la Fédération nationale de l'industrie laitière (F.N.I.L.) demeurent résolument contre. Manque à gagner certain.

Pourtant, la dernière distribution qui, remonte à 1982, avait démontré que, sur la lancée des bas prix, les consommateurs avaient par la suite repris l'habitude d'acheter davantage de beurre.

Rosemonde PUJOL.

Des tonnes de beurre entassées dans les immenses réserves frigorifiques. (Photographie Alain AUBERT.)

◀ **11 Beurre de Noël jusqu'à Pâques**

Assignments

1 Draw up a brief report to the government on the political and economic advantages of this butter distribution.
2 Imagine the conversation between a consumer and a farmer on the subject of cheap butter at Christmas.

12 L'Allemagne veut unifier les prix des «coups de fils» européens ▶

Assignment

Draw up a short speech in French which would reflect the way the German 'ministre dynamique' might 'sell' his dream of cheap communications throughout Europe to his opposite number in France.

TÉLÉPHONE

L'Allemagne veut unifier les prix des « coups de fil » européens

Le gouvernement de M. Kohl voudrait faire l'Europe des télécommunications. Il ne suffit pas à son ministre des P.T.T., M. Christian Schwarz-Schilling de promouvoir la télévision européenne contre la résistance des socialistes allemands ni d'abaisser les tarifs de branchement de la télévision par câbles pour en faciliter la diffusion dans le pays. Ce ministre dynamique a également abaissé les tarifs de communications téléphoniques avec les pays européens voisins de la R.F.A. au niveau des tarifs intérieurs allemands ; il ne coûte pas cher de téléphoner de Bonn ou de Hambourg pendant la journée, à un partenaire hollandais, belge, luxembourgeois, autrichien, suisse, danois ou français qu'à un Munichois ou un Berlinois de l'Ouest. En soirée et en week-end, le tarif est réduit mais moins qu'en Allemagne. L'objectif est toutefois d'appliquer là aussi le tarif allemand.

La R.F.A. entend être le premier pays des Dix à appliquer cette année ses tarifs téléphoniques intérieurs à l'ensemble de la Communauté. Les pourparlers sont déjà engagés avec la Grande-Bretagne et l'Italie pour brancher ces pays sur le réseau téléphonique bon marché de la R.F.A. Après, ce sera le tour de l'Irlande et de la Grèce, une fois les lignes installées. Ce cadeau de Bonn est assorti d'un appel à la réciprocité. Le but de l'opération est de rendre l'Europe présente dans la vie quotidienne.

Un cadeau à 30 000 abonnés

La France avait été la première, il est vrai, à appliquer, depuis le 15 décembre 1981, les tarifs préférentiels à l'égard de tous les pays de la C.E.E. : 33 % de réduction du prix de l'unité (0,645 F), et cela tous les jours entre 21 h et 8 h, ainsi que les dimanches et jours fériés. Mais les Allemands ont décidé de faire mieux, avant même qu'un accord international ait été conclu.

Bon marché

L'Allemagne fédérale, question tarifs, connaît cinq zones téléphoniques, la première zone tarif urbain, la deuxième, jusqu'à 50 km, la troisième de 50 à 100 km, au-delà de 100 km, tarif interurbain unique jusqu'à présent allemand, désormais européen. Il existe aussi une cinquième zone que constitue le reste du monde. Le tarif intérieur allemand est de 0,23 D.M. (0,69 F) l'unité (12 secondes) durant la journée, et également 0,23 D.M. l'unité (38") à partir de 18 h, et pendant le week-end. A cette différence près qu'après 18 h l'unité européenne compte 16". En attendant la baisse... M. Schwarz-Schilling est partisan du bon marché. Il vient de promettre 50 unités gratuites par mois à partir du 1er juillet 1985, soit en moyenne 35 F d'économie par usager et une perte de 270 millions de francs (82 millions de marks) pour les P.T.T. à 600 000 usagers allemands : ceux qui ne peuvent joindre plus de 30 000 correspondants dans leur « zone 1 ». Il désire également élargir de 5,42 km la zone située en lisière des deux Allemagnes, région désertée.

Les tarifs postaux européens ne pouvaient se permettre de demeurer en reste. L'affranchissement intérieur allemand (0,80 D.M. pour les lettres et 0,60 D.M., pour les cartes postales) est déjà appliqué aux pays fondateurs de la Communauté _ les lettres partant de la R.F.A. vers la Grande-Bretagne, l'Irlande et la Grèce coûtent encore un mark mais des négociations sont en cours pour effacer cette « discrimination ».

Jean-Paul PICAPER.

RÉUSSIR

Le modulophone de l'exportation

Olivier de Barrier a joué la carte du produit « made in France » pour imposer son modulophone aux États-Unis. Il a même « raflé » le prix du meilleur « design ».

Modulophoner : vient de Modulophone. Action de téléphoner en utilisant un Modulophone.

Modulophone : téléphone compact français.

Ces expressions ne figurent encore dans aucun dictionnaire, mais cela ne saurait tarder. Pierre Olivier de Barrin, leur « inventeur », est P.-D.G. d'In Electronic qui conçoit et commercialise ces téléphones multicolores en France, également aux États-Unis. En 1984, 130 000 Modulophones auront été branchés donc vendus sur ces deux marchés.

Est-ce pure folie que de s'engager dans la téléphonie où l'on trouve déjà des géants comme A.T.T., I.T.T., C.I.T. Alcatel ou Matra Philips et autres Siemens ?

Pas pour Olivier de Barrin qui, à vingt-neuf ans, en est déjà à sa troisième création d'entreprise : s'il y a risque, il est bien calculé.

C'est justement pour se placer sur le créneau étroit des compacts qu'il crée In Electronic en 1981 : *« Les grosses entreprises n'avaient pas encore réagi. Matra vient juste de sortir son compact, trois ans après nous. »* Depuis, l'entreprise se développe normalement pour une jeune P.M.E. de 100 salariés : un chiffre d'affaires à la croissance, elle aussi contrôlée, de 12 millions de francs en 1981, 30 millions en

1983 et probablement 40 en 1984, In Electronic espère passer à 70 millions en 1985. Les résultats ont été négatifs jusqu'à l'année dernière mais devraient être équilibrés dès cette année.

Objet décoratif

La clé : c'est le marketing. Ce sont des études d'impact biannuelles, des campagnes de publicité (7 % du budget) et la certitude que le marché de la téléphonie n'a pas encore explosé.

Le téléphone doit être perçu à terme comme une lampe, à la fois objet décoratif et utile, indéplaçable, branché une fois pour

toutes, suffisamment attractif pour être offert.

Aux États-Unis où In Electronic a une agence commerciale, le créneau était différent : il s'agissait de concurrencer les matériels japonais bas de gamme aux durées de vie étonnamment courtes. Modulophone joue alors la carte France.

La France ce n'est plus seulement le parfum, la mode et Concorde, c'est aussi Modulophone. Résultat : Modulophone arrive outre-Atlantique en juin 1982 et les Américains lui décernent le prix des meilleurs designs et conception électronique au Consumer Electronic Show de

Chicago. Depuis, In Electronic y réalise 30 % de son chiffre d'affaires.

Les deux autres tiers seront désormais réalisés en vente directe par l'intermédiaire de ses mille concessionnaires en France et par les boutiques P.T.T. Modulophone vient en effet de remporter ce marché. Les P.T.T. qui ne vendaient que leurs propres appareils ont finalement décidé de diversifier leurs ventes et, après un appel d'offres, choisi les produits d'In Electronic. Autre particularité d'In Electronic : c'est une P.M.E. qui tient à le rester afin de garder sa souplesse de réaction au marché. C'est ainsi que, l'année dernière, ses distributeurs lui ont conseillé de changer la qualité du fil électrique jugé trop rigide. Chose promise, chose faite.

Le succès du design Modulophone est tel que, comme les grandes marques, on trouve des copies sous des noms divers, fabriquées dans le Sud-Est asiatique. *« Comme les grands »* donc, une comparaison qui pour être flatteuse n'arrange pourtant pas les affaires de Pierre-Olivier de Barrin qui aimerait bien que le marché français copie, lui aussi, mais les mesures protectionnistes du marché de la téléphonie japonaise et américaine.

Anne SALOMON.

---

13   Le modulophone de l'exportation

Assignments

The firm wishes to move into the French-Canadian market:

1   Prepare some publicity material for Modulophone in French (e.g. advertising jingle, salesman's patter, brochure) highlighting the success of the small firm over the giants, and the fact that the product is 'made in France'.

2   How do you think the citation to the award given to Modulophone at the Consumer Electric Show would have read in French?

SCIENCES

En projet : un avion spatial britannique

Le Hotol tel qu'il a été imaginé par des techniciens britanniques.

La société British Aerospace étudie une supernavette nommée H.O.T.O.L. (Horizontal take off and landing) qui utiliserait l'oxygène de l'air, afin de constituer dans vingt ans la plate-forme depuis laquelle des satellites gagneraient l'espace à bon compte.

PAR ALBERT DUCROCQ

Annoncée jeudi par la chaîne de télévision anglaise I.T.N., la nouvelle avait d'abord fait l'objet d'un démenti dédaigneux : « *Il ne s'agit que d'un brouillon sur le dos d'une enveloppe* ». Mais très vite le ton devait changer. « *Oui, l'affaire est sérieuse* », a volontiers reconnu un porte-parole de la grande firme aérospatiale britannique.

En elle-même, l'idée relèvera de la pure logique. Il est en effet aberrant que sous sa forme actuelle la navette américaine doive emporter un énorme réservoir externe renfermant 600 tonnes d'oxygène alors que ce corps existe en abondance dans l'atmosphère de la terre où le véhicule doit commencer par effectuer une partie de son trajet avant de gagner l'espace.

Une partie qu'avec la formule du décollage vertical, on a cherché à rendre aussi courte que possible. Non seulement les techniciens ont voulu ignorer que l'atmosphère peut fournir un comburant au moteur, mais ils ont vu en elle une ennemie compte tenu de la résistance qu'elle oppose à l'avancement.

Incontestablement, le lanceur spatial de l'avenir sera un jour le véhicule qui partira horizontalement comme un avion et utilisera au maximum l'air ambiant aussi bien au décollage qu'à l'atterrissage.

Sa gestation aura sans doute toutefois lieu en trois étapes.

A l'heure actuelle, il s'agit de concevoir le lanceur bi-étage avec pour étage de base un avion qui dériverait d'un modèle existant. Ainsi, aux États-Unis, les ingénieurs de Boeing estiment que si la décision était prise maintenant, il leur serait possible de doter le 747 d'un moteur à hydrogène qui consommerait l'oxygène de l'air et ferait de l'appareil une plate-forme volante depuis laquelle la navette pourrait s'élancer après avoir subi un certain nombre de modifications et notamment reçu neuf moteurs RL 10.

Les atouts du statoréacteur

Ainsi serait-elle devenue un avion spatial de 125 tonnes.

Selon cette formule, il serait possible aussi bien de mettre des satellites en orbite beaucoup plus économiquement qu'avec les moyens actuels que de réaliser des liaisons terrestres ultra-rapides : n'importe quel point du globe serait atteint en trois quarts d'heure. Dans un second temps, c'est à un avion spécialement conçu que serait dévolu ce rôle de plate-forme. Le projet britannique H.O.T.O.L. paraît se situer à ce niveau.

C'est enfin au statoréacteur que sera demandé le franchissement de la troisième étape par exploitation du principe le plus simple qui soit. Le statoréacteur doit en effet être imaginé comme un banal tuyau : dès qu'il avance dans l'atmosphère, il capte de l'air, ce dernier subissant une pression dynamique. Le combustible est injecté dans la partie centrale du tuyau, les produits de la combustion échappant à l'arrière. C'est en 1913 que le statoréacteur avait été imaginé par René Lorin. René Leduc en a créé un prototype soigneusement conservé au musée de l'Air et de cet appareil d'avant-garde il ne sera pas inutile de souligner que les Américains ont acquis des brevets pour l'équipement de leur Phantom.

Selon cette formule, le calcul apprend que 35 tonnes d'hydrogène suffiraient à un lanceur de 120 tonnes pour se mettre en orbite avec une charge utile de 70 tonnes. Cela en théorie. En pratique, la difficulté sera de collecter chaque seconde 125 kg d'oxygène dans l'atmosphère. Le véhicule devrait pour cela puiser 1 500 m³ d'air à 10 000 m d'altitude, 6 000 m³ à 20 000 m, 24 000 m³ à 30 000 m. Ce ne sera pas impossible à un engin qui ira de plus en plus vite. Encore faudra-t-il qu'à l'avant du statoréacteur un entonnoir à géométrie variable s'ouvre d'autant plus que l'altitude sera plus élevée. Actuellement, les matériaux qui autoriseraient un tel exploit n'existent pas encore. Mais on peut légitimement attendre leur création au début du XXIᵉ siècle dans la foulée des activités dont les stations orbitales nous promettent le développement.

A.D.

14 En projet: un avion spatial britannique

Assignments

1 Reconstruct the news item as it originally might have been reported on French television. Use the information provided to write at least two versions which would fit the following descriptions:
(a) Neutral short report on the bare facts of the idea.
(b) Short attempt to explain simply how such an aircraft would work.
(c) An overtly chauvinistic presentation in which French television reports the British initiative and claims that it is all based on a French idea which the British have 'stolen'.
2 Act the part of the British Aerospace spokesman and answer questions from the assembled reporters at the press conference you have called to announce the project.

Assemblée nationale
Adoption du projet de loi sur les télécommunications

L'autorisation du propriétaire ne sera plus nécessaire pour obtenir l'installation d'une ligne téléphonique. Cette nouveauté résulte du projet de loi relatif au « service public des télécommunications », adopté hier matin par les députés.

L'article 1 de ce texte dispose en effet que l'abonnement au téléphone est un droit et que toute personne peut l'obtenir sur simple demande. L'installation peut seulement être subordonnée au paiement préalable des sommes dues par le demandeur au titre d'autres abonnements.

Autre innovation contenue dans le projet : la responsabilité de l'État peut être engagée en cas de faute lourde de la part du service des télécommunications. Ainsi est abrogée une disposition du code des postes et télécommunications qui dégageait l'État de toute responsabilité, disposition déjà largement contredite, il est vrai, par la jurisprudence du Conseil d'État. Désormais, donc, un abonné pourra intenter une action contre les P.T.T. et obtenir gain de cause si une faute grave du service – par exemple le refus de l'inscrire sur l'annuaire –, lui a causé un préjudice.

La disposition qui permettait au service de refuser d'acheminer un télégramme « dans l'intérêt de l'ordre public et des bonnes mœurs » est elle aussi abrogée. Ainsi est affirmée, selon Kléber Haye (P.S., Gironde), rapporteur de la commission de la production et des échanges, « la neutralité du transporteur à l'égard du contenu du message ».

Enfin, les délais de prescription en cas de dette sont rendus symétriques : un an pour l'État, un an pour les usagers. Jusqu'à présent, il était de deux ans pour les sommes dues à l'administration et de six mois seulement lorsque les P.T.T. devaient de l'argent à l'usager à la suite d'une erreur de facturation par exemple.

Le monopole de l'État sur les réseaux câblés

Autan de dispositions qui établissent des rapports équilibrés entre l'administration et les usagers et que l'opposition ne pouvait qu'approuver. Mais les deux derniers articles du projet ont pour objet de subordonner à l'autorisation de l'État l'installation de moyens de diffusion par voie hertzienne et les infrastructures et installations de communications audiovisuelles. Article qui consiste à maintenir le monopole de l'État sur l'installation des réseaux câblés de télévision. Cette disposition a conduit les députés de l'opposition à voter contre le projet.

« Ces articles permettent au gouvernement de nier la loi de 1982 (sur la communication audiovisuelle) en lui donnant un droit de contrôle exclusif sur l'installation des réseaux câblés, a déclaré Michel Noir (R.P.R., Rhône). Ce n'est pas ainsi que nous réussirons la révolution audiovisuelle : pour des raisons politiques, le gouvernement entre dans l'avenir à reculons. »

« La thèse du gouvernement consiste à dire que le domaine hertzien est un domaine public et qu'en conséquence il appartient à l'État qui en règlemente l'utilisation, estime pour sa part Alain Madelin (U.D.F., Ille-et-Vilaine). Notre conception est plus libérale : le domaine public appartient à tout le monde. L'État n'en a donc pas la propriété et n'exerce sur lui qu'un pouvoir de police. »

Les députés ont ensuite adopté, dans la rédaction préparée par la commission mixte paritaire, le projet de loi relatif à la pêche en eau douce. Bientôt voté dans les mêmes termes par le Sénat, ce texte devait ainsi être adopté définitivement.

En séance de nuit, les députés étaient saisis, en deuxième lecture, du projet de loi relatif à l'organisation et à la promotion des activités physiques et sportives.

◀ 15 **Adoption du projet de loi sur les télécommunications**

Assignment

Work out two speeches, one angrily denouncing the continued Government monopoly on cable-networks, and the other rejecting the attack and calmly reassuring the protesters.

16   Informatique: la nouvelle ▶ vache à lait

Assignment

Draw up a report summarising the main point made in the article. Your main aim is to explain to the reader the facts which have caused the writer to make the statement in heavy type at the beginning of the article.

Informatique : la nouvelle vache à lait

La véritable cagnotte des P.T.T. pour l'avenir, c'est l'informatique. Minitel, terminaux reliés au téléphone, nouveaux services... Autant dire qu'en prenant à rebrousse-poil ces nouveaux clients, le gouvernement risque de casser l'expansion d'un secteur qui ne demandait qu'à se laisser séduire.

La France est désormais, sans nul doute, la nation la mieux équipée en matière de téléphone. Au point que, si tout se passe comme prévu, dans les mois qui viennent, il y aura plus d'écrans reliés à un téléphone (Minitel) chez les particuliers que dans les entreprises. Un pari stupéfiant qui postule que les Français, lorsqu'ils rentreront chez eux, auront des nouveaux besoins, qu'ils voudront non plus seulement téléphoner à leur famille, mais connaître les programmes de télévision ou de cinéma, commander à distance à une firme de vente par correspondance, ou encore interroger une banque de données ou simplement jouer.

Indiscutablement ce sont ces nouveaux consommateurs que la nouvelle taxe va pénaliser. Personne, ou presque, n'a encore compris que le Minitel est, en fait, une... machine à sous. Que votre enfant passe une heure à jouer à la bataille navale et vous verrez la facture P.T.T. en fin de mois !... Et cela ne fera qu'empirer lorsque de nouveaux services seront proposés. Sait-on, par exemple, que si l'on n'y prend pas garde la consultation d'un pronostic de tiercé vaudra plus cher, via le Minitel, que la somme que l'on est disposé à payer au P.M.U. ?

En voulant faire du téléphone une vache à lait fiscale, le gouvernement va à l'encontre des objectifs cohérents élaborés sous le précédent septennat visant à faire des télécommunications le fer de lance de l'innovation industrielle française.

Attention aux factures

Autre exemple, tout aussi significatif : le développement de l'informatique domestique. Des centaines de milliers de Français disposent aujourd'hui d'ordinateurs personnels. Ils font des programmes, jouent, apprennent grâce au clavier. Or, cet effort n'est significatif, à long terme, que si ces outils peuvent communiquer entre eux ou ont accès à des banques de données. Une seule solution s'offre à eux : passer par le biais du téléphone. Or, les récentes hausses vont encourager ce qui existait déjà à petite échelle : la prolifération de matériels non homologués qui transforment les signaux émis d'un ordinateur en signaux intelligibles sur une ligne P.T.T. Ce que l'on appelle des modems. Les Télécommunications, incapables de faire face à l'explosion de l'informatique domestique, n'ont pas su endiguer le phénomène. Ce qui veut dire concrètement que, dans les années qui viennent, vos factures de téléphone risquent de grimper de façon inexplicable, tout simplement parce que votre voisin, amateur de micro-ordinateur, perturbera votre propre système de taxation. Et l'on connaît les difficultés d'un recours à l'encontre d'une administration aussi puissante que celle des P.T.T...

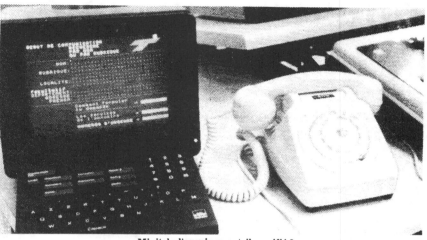

Minitel : l'avenir sera-t-il sacrifié ?

Pour les entreprises, il s'agit d'une question de survie. Nombreux sont les services proposés par le mariage du téléphone, de l'informatique et des satellites : Minitel, vidéotex, téléconférence, télécopie, visiophone, transferts de plans, fac-similé...

Les P.M.E. bridées

On ne sait pas assez que le lancement du satellite Télécom 1 et de ses suivants provoque tout simplement une véritable révolution au niveau industriel. Avec de tels engins, il n'est pas plus cher de communiquer avec une entreprise située en Bretagne plutôt que dans la banlieue parisienne. L'aménagement du territoire prend, dès lors, une toute autre signification. La fameuse France moderne, à haut coefficient technologique, n'a que faire des coûts de transports physiques. Si la télémati-

que est neutre vis-à-vis de l'implantation, alors tout est possible pour des régions naguère défavorisées.

Dès lors, on conçoit qu'un prélèvement, visant à brider l'équipement informatique et téléphonique en France, peut stopper net le mouvement qui s'amorçait favorablement.

Quelques chiffres. Le réseau télex comprend actuellement plus de cent mille abonnés, contre seulement dix mille pour le réseau national de transmission de données dit « par paquets » (Transpac). Selon une étude de l'Institut Rémy-Genton, qui fait autorité en la matière, le nombre total d'entreprises équipées en télécopie (transmission de documents par téléphone) n'excédait pas, en 1983, 0,4 % du total des entreprises installées en France. Et, de plus, on constate que les firmes qui sont déjà équipées en centraux privés (autocommutateurs), en

terminaux informatiques et en liaisons télématiques sont les très gros groupes. 1984 et 1985 devaient être les grandes années du décollage de l'investissement des P.M.E. Comment espérer convaincre des clients qui sont, a priori, réticents vis-à-vis de techniques qui bouleversent leurs habitudes de travail, si on leur promet déjà d'augmenter les charges sur ces nouveaux services ?

Les premiers perdants, en cette affaire, risquent d'être les industriels des télécommunications, des logiciels et de l'informatique français qui, pourtant, étaient jusqu'ici dans le peloton de tête mondial. En un moment où des groupes aussi imposants qu'A.T.T. (Bell Telephone) et I.T.T. attaquent le marché européen avec une vigueur sans précédent, les entreprises hexagonales n'ont pourtant pas besoin de handicaps supplémentaires.

Christian GUÉRY.

Industrie du jouet : la France au quatrième rang mondial

La vente des jouets, qui représente au moment des fêtes de Noël 70 % de la consommation annuelle, a démarré plus lentement que d'habitude, estiment les fabricants de jouets qui n'ont pas eu l'occasion d'être relancés par les détaillants. Il est donc un peu tôt pour savoir si 1983 sera ou ne sera pas une bonne année.

L'industrie française du jouet publie cependant un bulletin de santé en amélioration puisque ses ventes à l'étranger ont plus que doublé en cinq ans et que le taux de couverture de la balance commerciale a remonté de six points pour atteindre 41 %. Chiffre encore bien insuffisant, mais que la profession espère dépasser par une politique dans trois domaines : offensive à l'exportation, notamment vers les États-Unis et l'Allemagne fédérale, investissement et innovation, écoute du consommateur.

La France conserve toujours le quatrième rang de producteur mondial de jeux et jouets après les États-Unis, le Japon et l'Allemagne fédérale. Industrie rassemblant de petites entreprises, elle a depuis dix ans entamé une restructuration qui n'est pas encore achevée, estime Roland Droguet, président de la Fédération nationale des industries du jouet.

De quatre cents sociétés en 1973, leur nombre est tombé à deux cent vingt-cinq en 1983 ; elles emploient 21 000 personnes et ont réalisé en 1982 une production de près de 4,3 milliards de francs (+ 12 % par rapport à l'année précédente) dont un quart à l'exportation. Chiffre qui s'élève à 46,4 % pour les huit premiers mois de 1983. De leur côté, les importations (2,8 milliards de francs en 1982) n'ont progressé que de 24 % seulement pour le début de 1983. Ce sont les jeux électroniques qui font monter les importations (+ 83,2 % pour la catégorie « jeux de société »), tandis que les exportations progressent pour les jouets en matières plastiques (+ 52,9 %), les modèles miniatures en métal (+ 54,1 %) et les autres jeux de société y compris les jeux vidéo (+ 52,9 %).

Objectif : les États-Unis

Objectif de la Fédération qui a abandonné le plan jouet : réduire le déficit global des échanges et pour cela faire porter les efforts des industriels vers l'exportation en n'oubliant pas qu'on ne peut vendre des jouets qu'à des pays solvables.

Actuellement, les deux tiers de nos exportations sont européennes : Grande-Bretagne,

Image symbolique de ce Noël 1983. Les enfants font « la chaîne » pour tester les jeux électroniques. (Photographie A. AUBERT)

R.F.A. et Pays-Bas. La cible : ce sont les États-Unis où les exportations françaises ne représentent que 0,5 % du marché américain. « Les résultats obtenus sont déjà encourageants », estime M. An-

saldi, délégué général de la Fédération. Des programmes spécifiques ont été mis en place avec l'appui du comité des foires. Quarante industriels français ont exposé l'an dernier à New York et

d'autres à Dallas. En février 1984, ils seront quarante-cinq. Une plaquette sur les entreprises françaises sera distribuée dans une vingtaine de villes américaines. Un montage de même type est en cours de réalisation avec l'Allemagne fédérale.

Partant du principe qu'une entreprise qui maîtrise mal le marché intérieur a peu de chance de réussir à l'exportation, les industriels français, dont l'activité est saisonnière, s'estiment beaucoup moins compétitifs que leurs concurrents : poids des charges sociales, problème des changes et transferts financiers, fixation des prix, difficile compréhension avec les banques et les services des douanes. Que demandent-ils ? Une plus grande liberté et plus de souplesse.

Où va le marché intérieur ? La consommation connaît depuis quelques années un taux de croissance stable et modéré : + 3 % par an à prix constants, la dépense moyenne par enfant étant de 500 F par an. Ce qui représente quand même un marché de 10 milliards de francs. On achète surtout dans les hyper et supermarchés (43 % des ventes), chez les détaillants spécialisés (23 %) et les non-spécialistes (15 %), par correspondance (7 %), dans les grands magasins (6 %), les magasins populaires et les comités d'entreprise.

◄ 17 **Industrie du jouet: la France au quatrième rang mondial**

Assignment

Propose questions on the state of the toy industry and on its plans for expansion. Set up an interview with a partner, taking it in turns to play the roles of interviewer and spokesman for the industry.

18 L'Aérospatiale tente une nouvelle percée au Japon ►

Assignments

1 M. Gérard Hibon is quoted directly from the speech he made at the Tokyo press conference. From the details given later in the article, reconstruct the rest of his speech.
2 Deliver this speech to your colleagues who will act as the reporters and put supplementary questions to you at the end.
3 From the notes the 'reporters' have taken at your press conference, each one should write an article for his/her newspaper without referring to the original. Remember that different newspapers require different styles of writing and ways of communicating information.

L'Aérospatiale tente une nouvelle percée au Japon

Présenté sur le marché japonais depuis 1961, c'est surtout au cours des trois dernières années que l'Aérospatiale y a opéré une réelle percée. En effet, avec 134 hélicoptères dont la moitié a été vendue au cours des trois dernières années, l'Aérospatiale occupe aujourd'hui 45 % du marché japonais des hélicoptères à turbines. Depuis 1979, 9 Airbus A 300 B2 ont été vendus avec la maintenance à la compagnie aérienne T.D.A. Ceux-ci desservent les lignes intérieures japonaises. Au nombre des contrats réalisés, il y a eu enfin, en 1978, une cession de licence d'une roue cinétique à la firme Mitsubishi.

TOKYO :
Martine-Amice MATYAS

M. Gérard Hibon, directeur général adjoint chargé des affaires internationales et de l'action commerciale de l'Aérospatiale, a donc d'abord constaté, au cours de la conférence de presse qu'il a donnée à Tokyo, à l'occasion de son rapide passage dans la capitale japonaise, que la firme française avait effectué ici une assez bonne percée avec l'aide des distributeurs japonais. Mais son ton s'est très vite durci lorsqu'il a évoqué les programmes du secteur public nippon. *« Dans le cadre du dialogue franco-japonais,* a-t-il dit, *pour accroître les échanges et éviter les blocages, nous aimerions être consultés par les Japonais tout comme nous le sommes par les Américains, les Anglais ou les Allemands. Nous souhaitons être traités comme les Américains pour les marchés publics. Nous demandons aux Japonais d'évaluer dans ce secteur les produits de l'aéronautique française à leur juste valeur. »*

Tout au cours de sa conférence, M. Hibon a martelé d'un ton très ferme et direct la même phrase, dressant un constat : les industriels français ont, à plusieurs reprises, invité les autorités de la Défense japonaise à venir sur place évaluer le matériel français. Ces invitations sont à ce jour demeurées lettres mortes. Et pourtant, les Français proposent aux forces d'autodéfense japonaises un matériel para-militaire qui devrait parfaitement leur convenir. Ainsi, dans le programme S.A.R. (Search and Rescue, Recherches et secours), le Super Puma, un hélicoptère capable d'effectuer des opérations à longue distance (300 miles nautiques), devrait intéresser les forces aériennes et l'Agence de sécurité maritime. Il en est de même pour l'avion Transall, un garde-côte qui présente deux avantages importants par rapport à son concurrent le C 130. Bimoteur et non quadrimoteur, il a un coût de fonctionnement très inférieur à ce dernier. Son autre grand mérite est de pouvoir atterrir sur des terrains pratiquement non préparés, alors que le C 130 ne peut atterrir que sur des aéroports.

Les matériels militaires

Mais le directeur général adjoint de l'Aérospatiale a fait un pas de plus en abordant le domaine franchement militaire. S'il n'a pas mentionné le fait que les Super Puma peuvent être équipés d'Exocet, il a fait remarquer que les missiles antichars Roland à courte portée et Patriote à moyenne et longue portées sont aujourd'hui les éléments indispensables d'une défense aérienne sophistiquée.

Déjà inclus dans le système de défense intégré de la France, des États-Unis et de la R.F.A., les Roland pourraient trouver leur place dans la défense du Japon, pays membre du camp occidental. En 1981, des consultations ont été ouvertes sur les possibilités d'une coopération dans le domaine des missiles. A l'heure où les Japonais essaient de développer leur propre missile, les Français voudraient savoir s'il y a compatibilité entre les programmes.

L'attentisme japonais met mal à l'aise. Il n'est que trop clair que Tokyo se soumet totalement dans ce domaine à la volonté américaine. Le Japon n'est pas libre de ses choix car ceux-ci ne sont pas techniques mais politiques. Pour que les Japonais traitent, comme le souhaite M. Hibon, les Français comme les Américains sur leur marché public, il faudrait qu'ils soient véritablement indépendants. Mais avoir recours à la mauvaise foi en nous disant que nous n'avons rien à vendre, comme les Japonais ont de plus en plus tendance à vouloir nous le faire croire, est ici plus que jamais hors de propos.

Battre en brèche le monopole américain au Japon est une tâche difficile et de longue haleine qui requiert avant tout une action soutenue et suivie des milieux industriels français et un appui permanent de notre gouvernement. Deux conditions indispensables pour emporter la conviction de Tokyo. **M.-A. M.**

CARRIÈRE

La mobilité des cadres diminue avec l'âge

D'accord sur le principe, mais réticent dans l'exécution : tel apparaît le cadre français quand on lui parle de mobilité. C'est l'une des conclusions du sondage Sofres réalisé pour Syntec.

Alors que 73 % des cadres estiment souhaitable de changer fréquemment d'entreprise en début de carrière, ils sont presque aussi nombreux, 72 %, à ne pas être personnellement tentés par un tel changement. Ces chiffres contenus dans un sondage Sofres — complétés par des entretiens individuels approfondis — réalisé pour Syntec-Recrutement en disent long sur l'ambiguïté qui existe chez les cadres à propos de la mobilité. Cela explique les difficultés que rencontrent les entreprises à recruter actuellement les cadres dont elles ont besoin, difficulté dont témoignent bien cabinets de recrutement et chasseurs de tête dont c'est le métier.

Il y a, expliquent ces spécialistes, « collision entre un modèle de carrière à l'américaine, datant de la période de croissance et impliquant des changements fréquents d'entreprise et les contraintes d'une conjoncture de crise » qui accentue un sentiment général de fragilisation et explique la peur de bouger.

Pour 55 % des cadres interrogés, c'est vers quarante ou quarante-cinq ans qu'un cadre doit savoir se stabiliser et non plus changer d'entreprise. 23 % placent même la barre dès trente-cinq ans.

A partir de ces chiffres, on peut reconstruire la courbe idéale de carrière, une courbe en cloche qui laisse apparaître trois phases :

● Vingt-cinq/trente-cinq ans, la phase d'ascension, étape de formation et de promotion rapide

dont la mobilité interentreprise reste le moyen privilégié.

● Trente-six/quarante-cinq ans, la phase de maturité, l'heure des bilans et de la réflexion avant le choix définitif de carrière.

● Enfin, après quarante-cinq ans, la phase d'installation et déjà le début de la fin de carrière. Pour 81 % des cadres interrogés, c'est au plus tard à cet âge-là qu'un cadre doit savoir se stabiliser, ce qui, soulignent les spécialistes du recrutement, « n'est pas sans effet pervers », car cela explique une bonne partie des relations des cadres à leur entreprise.

Dans la phase ascendante de carrière, en effet, le jeune cadre « utilise » l'entreprise, il ne s'identifie pas à elle. L'entreprise est essentiellement, pour lui, une ressource personnelle et stratégique qu'il convient de choisir en fonction de son rôle de « faire-valoir ». Et tout naturellement en change lorsque l'entreprise ne répond plus à ces critères.

A partir de trente-cinq ans, au contraire, le cadre veut mettre en œuvre un projet au service d'une entreprise. Il ne s'investit plus seulement dans sa carrière, comme précédemment, mais s'identifie à l'entreprise. Ce sont d'ailleurs les cadres de trente-cinq/quarante-cinq ans qui se déclarent davantage prêts à accepter des sacrifices importants dans leur vie personnelle pour réussir leur vie professionnelle. Ils sont, en effet, 48 % contre 35 % avant trente-cinq ans et 37 % après quarante-cinq ans.

Quarante-cinq ans : l'installation

Après quarante-cinq ans, à l'âge de l'installation, le cadre se mobilise surtout sur la préservation de l'acquis lorsqu'il change d'entreprise c'est, le plus souvent, forcé et contraint par l'environnement et cela relève du drame. C'est donc, en effet, entre trente-cinq et quarante-cinq ans que les cadres identifient le plus leurs projets personnels à celui de l'entreprise. Comme le souligne l'étude de la Sofres, « Les formes que peut revêtir la mobilisation des cadres, au sein de l'entreprise, sont très largement déterminées par la façon dont ils se situent par rapport au déroulement de leur carrière. »

Dernier volet de cette étude, quelles sont les entreprises les plus attirantes ? Pour 76 % des cadres interrogés, ce qui déterminerait leur choix, c'est avant tout la santé financière de l'entreprise, suivis à 60 % de la délégation des responsabilités et à 57 % de la capacité d'innover. Plus qu'une rémunération élevée (60 % des réponses), c'est l'autonomie d'action (69 %) qui apparaît prioritaire.

Enfin, au hit-parade des entreprises où les cadres aimeraient travailler, Air France (46 %), le prototype de la grande entreprise nationale et I.B.M. (43 %), l'image attirante de l'entreprise américaine. Des réponses qui recoupent exactement une autre enquête menée il y a près d'un an auprès de cadres de haut niveau.

Béatrice TAUPIN.

◀ 19 **La mobilité dans cadres diminue avec l'âge**

Assignment

With a partner, prepare questions on job mobility and the development of one's career. One person then takes the role of interviewer, one the role of 'cadre'. Vary the age of the 'cadre' and thus the answers.

20 Allemagne fédérale: petit ▶ guide pour nos hommes d'affaires

Assignments

1 From the article above draw up a report in English for your directors concerning the best way to behave when attempting to conclude a contract with a German client.
2 Use the clues in the article and your own knowledge of France and French people to write a similar report on the sort of behaviour to expect from French clients and how to respond to it.
3 Finally discuss with your group the characteristics you think are typical of the English and write a report in French advising a French firm on how to approach the British market. (There is scope for advice on regional variations and amusing stereotypes.)

Allemagne fédérale : petit guide pour nos hommes d'affaires

BONN :
Jean-Paul PICAPER

Les Français pensent connaître les Allemands et les Allemands les Français. Plus ils se fréquentent, par exemple pour traiter des affaires, plus ils croient tout savoir les uns des autres. Un anthropologue américain, Edward Hall, a établi, après une enquête réalisée à la demande des éditions *Gruner Und Jahr* (Stern) de Hambourg, que c'est une erreur. Allemands et Français ont un comportement différent, sinon divergent. Il est bon de le savoir pour ne pas commettre d'impairs.

Il convient d'aller à nos voisins d'outre-Rhin en prenant certaines précautions. Les principales règles à respecter par les cadres français lancés dans le monde des affaires en Allemagne sont les suivantes : être ponctuels et disposés à s'adapter à un style de travail qui n'est pas français, souvent un travail en équipe avec des inconnus. On peut se fier à un Allemand pour les rendez-vous, il viendra ou attendra et sera à l'heure, sauf empêchement grave. Aussi faut-il en pareil cas le prévenir d'un retard éventuel par téléphone car il exige de son partenaire la même ponctualité.

Une échappatoire efficace consiste en cas de retard à offrir à son épouse ou à la dame qui attend un bouquet de fleurs. Même si ce n'est pas un rendez-vous galant, l'effet est miraculeux. Votre retard serait, sans

cela, interprété comme un manque d'éducation ou d'intérêt pour l'affaire à négocier.

On abordera ensuite son partenaire allemand avec allant et toutes les apparences de l'optimisme et de la sincérité, mais sans familiarité. Ce sont des Nordiques. Hormis la poignée de main de rigueur, pas de tapes sur l'épaule surtout. Il faut tenir ses distances. La courbette est, notons-le, passée de mode depuis une bonne dizaine d'années.

Les Allemands d'un certain âge ont besoin d'un certain temps pour se « dégeler » vis-à-vis d'inconnus. Il arrive que des voisins ou relations qui se connaissent depuis de longues années s'appellent encore « Herr Muller » ou « Herr Doktor » et jamais par leurs prénoms.

Pas sérieux s'abstenir

Une fois la sympathie des interlocuteurs acquise, en revanche, celle-ci est profonde et durable. M. Hall estime que les meilleures qualités des Allemands s'épanouissent alors : loyauté et fiabilité. Ils apprécient la stabilité des relations. Leurs entreprises planifient pour vingt ans.

Il faut franchir auparavant l'étape parfois fastidieuse des « longues conservations sérieuses » ; en affaires, l'Allemand n'est pas romantique. Il sera direct et précis, indiquant son intention et tentant de vous

convaincre par de longues accumulations de faits, de détails, de preuves et de pièces à conviction. La manière française de « tourner autour du pot » ou d'enrober des faits de formules mystiques n'est pas appréciée par nos voisins. Il faut venir avec un but précis et un dossier solide qu'on communiquera d'entrée de jeu.

Une chose à la fois

Les Allemands font affaire sur la base d'informations et non pas de contacts personnels. L'impression personnelle est secondaire sauf si elle est négative. On veut des interlocuteurs compétents. S'exprimer un peu en allemand est assez favorable, cette langue étant réputée difficile et peu répandue hors d'Allemagne. Mais on excusera vos maladresses de grammaire. Un accent français vous rendra sympathique.

Pour négocier on élaguera d'abord tous les détails, puis on tirera les conclusions. On arrivera alors au but. Il faut résumer les arguments avant la proposition finale.

En conférence, il est recommandé de mettre les sujets qui vous tiennent à cœur à l'ordre du jour. On n'aime pas les digressions, les réflexions spontanées. On veut savoir d'avance à quoi s'en tenir.

Les Allemands mettent du temps à se décider. L'approche est plus détaillée qu'en France surtout si de grosses sommes

sont en jeu. Les Allemands ne dépensent leur argent qu'à bon escient. Ils veulent la qualité, un service après-vente et une exécution minutieuse du contrat. Mais leurs décisions sont sans réserves. Tout changement unitéral serait considéré par eux comme un affront ou une folie.

Quant à la publicité en Allemagne, elle partira du fait que les acheteurs ne sont pas influencés par les impressions visuelles, auditives ou autres. Ce sont des lecteurs : ils épluchent les textes et comparent avec le produit. Une image de marque brillante n'exerce pas autant de fascination en Allemagne qu'en France. Réalistes, les Allemands veulent beaucoup d'informations et achètent « durable et solide ». Se tromper ou être trompé est pour eux un drame.

La société allemande est moins hiérarchisée que celle de la France. Il n'existe pas d'amicales plus ou moins « occultes » comme celles des grandes écoles.

Les Allemands sont plus égalitaristes que nous. Ils montrent moins leurs sentiments et jugent moins sur des sentiments, mais ils ont « besoin d'être aimés ». La différence fondamentale franco-allemande est cependant plus concrète : les Français sont « polychromes » et les Allemands « monochromes ». Ces derniers ne peuvent pas faire deux choses en même temps. Ils séparent loisirs et amusements du travail. Nous devons donc leur paraître bien étranges.

J.-P. P.

Le Tourisme en France

☐ LANGUEDOC-ROUSSILLON

Morosité

Moroses, moroses, les professionnels du tourisme en Languedoc-Roussillon, à l'heure où s'esquissent les premiers bilans. Un responsable héraultais résume l'impression générale : « *A quelques exceptions près, la baisse de fréquentation aura varié entre 10 et 30 % selon les stations. Je crois que cela vient surtout d'un raccourcissement des séjours : une bonne semaine de moins, en moyenne, selon les évaluations, cette année. Et, incontestablement, les gens dépensent moins.* »

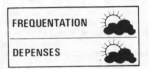

A vrai dire, c'est surtout juillet qui a été marqué par cette nette récession. Les quinze premiers jours ont même donné l'impression d'un début catastrophique. Dans le Gard, au Grau-du-Roi et à Port-Camargue, la chute enregistrée dans les locations meublées atteignait 30 % par rapport à l'an dernier. Sur quatre cent cinquante campings participant à l'opération « camping information », vingt seulement affichaient complets. Fait exceptionnel, on trouvait sans problème les gîtes ruraux à louer alors que d'habitude on se les arrache.

Seules les stations ayant pratiqué une politique de promotion très active auront tiré leur épingle du jeu. C'est le cas, dans l'Hérault, de Cap-d'Agde, dans l'Aude, de Gruissan et, dans les Pyrénées-Orientales, de Canet-Plage.

☐ COTE D'AZUR

Saison maussade

Actuellement, il est difficile de trouver une chambre dans la plupart des hôtels. Cependant, les réservations ne courent pas jusqu'à la fin de ce mois. Maussade, c'est ainsi que peut se résumer la saison et si quelques grands hôtels ont toujours leur clientèle attitrée, on constate effectivement une diminution des dépenses.

Dans le Var, la situation est jugée catastrophique par Antonin Toucas, le président départemental des offices de tourisme. Ce dernier est même allé plaider à Paris le dossier de ces désastres. Il a demandé des allégements fiscaux pour ceux qui, subissant une perte financière considérable, voient à présent l'existence de leur exploitation compromise. « *Nous sommes sinistrés* », dit M. Toucas.

Pourquoi cette désaffection ? M. Toucas n'a pas peur de dire tout haut ce que beaucoup pensent : « *Nous subissons les erreurs de l'été 1981. Le grand boom que nous avons alors connu a entraîné la multiplication des amateurs de l'hôtellerie, de la restauration et du camping. Les vacanciers ont été mal reçus. Ils se souviennent et sont partis ailleurs. Le tourisme ne s'improvise pas. Il doit être réservé aux professionnels, aux vrais.* »

☐ EST

Baisse catastrophique

Le tourisme en Lorraine va mal cet été. On enregistre en effet des baisses de 20 à 40 % de la fréquentation des différentes villes touristiques et ce sont les hôteliers et restaurateurs qui semblent payer le plus lourd tribut à cette crise.

Une crise qui trouve ses sources dans deux éléments : d'une part les Allemands et Hollandais ont été moins nombreux à se rendre en Lorraine, d'autre part le temps maussade tout au long de l'été n'a pas incité les Français à venir séjourner au bord des lacs vosgiens. Cette situation, qui empire par rapport à 1983, devient catastrophique par rapport à 1981 puisqu'en trois ans on constate une baisse de fréquentation de l'ordre de 50 % de la clientèle.

Seules les quatre stations thermales vosgiennes, Bains-les-Bains, Contrexéville, Plombières et Vittel réussissent à tirer leur épingle du jeu. Elles maintiennent leur clientèle habituelle à 1 ou 2 % près, suivant les cas. Il est vrai qu'elles sont surtout fréquentées par des malades qui viennent le plus souvent se soigner en famille.

☐ PARIS

Vive les étrangers !

Paris est livré aux étrangers. Comme chaque été, les touristes venus de loin envahissent la capitale et, cette année, ils sont même un peu plus nombreux : en juillet dernier, 580 000 personnes sont montées à la tour Eiffel, premier monument visité, au lieu de 520 000 l'année précédente. Le musée du Louvre a fait le plein également : 352 000 visiteurs en juillet 1984 contre 308 000 en juillet 1983 malgré la suppression de la gratuité du mercredi. « *Mais c'est sans doute plus l'effet dollar que l'effet de l'art* », soupire, lucide, l'un de ses responsables.

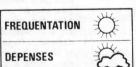

Et, en effet, grâce au dollar, les Américains viennent en masse. Paris leur appartient. Même s'ils trouvent toujours la France trop chère, ils sont dans les autocars qui sillonnent les rues pittoresques de la capitale. Ils logent dans des « quatre étoiles », dont le chiffre d'affaires a légèrement augmenté. Ils vont un peu plus nombreux prendre leurs repas dans des lieux prestigieux comme Maxim's et Laurent, ensuite passer la soirée au cabaret.

Les Américains ne sont évidemment pas les seuls. On voit aussi beaucoup d'autres étrangers. Les Français ont déserté Paris en cette saison, mais les restaurateurs ne s'en plaignent pas : quand ils viennent, ils dépensent nettement moins qu'un étranger !

◀ **21 Le tourisme en France —
Quatre régions**

Assignments

1 Listen to the reports above
being read to you and report the
main points back to your boss in
English.
2 (a) Imagine that you are a
visiting journalist interviewing the
'maire' of a large town in each
region. Draw up a list of questions
which you would ask about the
state of tourism in one or more of
the above.
(b) Your partner will play the role of
the maire and try to answer all the
questions from memory.
(c) Draw up a report on each
region in French based on the
answers to your questions, without
referring to the original.

**22 France-Népal: de la
recherche au développement** ▶

Assignments

1 Using a map, give a talk to your
group briefly outlining the help that
France has given to Nepal. Show
where the projects are on the map
and illustrate your talk with bar-
charts, a table of events, etc.
2 Draw up a list of French films
that might be suitable for the daily
film-show at the French cultural
centre.

LA VIE INTERNATIONALE

France-Népal :
de la recherche au développement

de notre envoyé spécial
François NIVOLON

Les relations politiques
franco-népalaises sont bonnes,
d'autant que la France, à la suite
du séjour à Katmandou de François Mitterrand, a donné son soutien officiel, en juillet 1983, au
projet du Népal de devenir une
« zone de paix ». Les échanges
commerciaux se situent certes à
un niveau modeste bien que la
France ait vendu au Népal une
douzaine d'hélicoptères dont le
dernier, un « Super Puma », va
être livré incessamment. Les pilo-
tes népalais ont été formés en
France.

La France contribue au développement du Népal par l'intermédiaire des organisations internationales. En outre, dans le
domaine de la coopération économique bilatérale, deux protoco-
les, l'un de 72 millions de francs,
y compris une « rallonge », en
1981 et l'autre de 55 millions en
1983 ont permis de financer la
fourniture de trois hélicoptères et
d'équipement de travaux publics,
l'installation de matériels et de
moyens de télécommunication
destinés à des aérodromes se-
condaires, et la construction, en
cours, d'une ligne de transmission du courant électrique dans
le Terai. Dix millions ont été af-
fectés à une étude sur l'aménagement hydroélectrique de Seti, y
compris une centrale de 80 Mé-
gawatts. Des pourparlers sont en

cours pour une coopération dans
l'utilisation de l'énergie solaire.
La « Société française de géo-
physique » vient également de
réaliser une étude préliminaire
sur d'éventuels gisements pétroliers : des indices assez favora-
bles auraient été recueillis. Pour
l'avenir, un projet assez important
dans les télécommunications est
à l'examen.

Un accord de coopération
culturelle, scientifique et technique, signé en mai 1983 est en
instance de ratification. La coopération technique, avec des
chercheurs du C.N.R.S., bien im-
plantés en raison de leurs relations personnelles, a débuté il y a
quinze ans. Des experts français
ont établi la première carte écolo-
gique du Népal et effectué des
études géologiques et ethnologi-
ques du pays.

Au titre de la coopération
scientifique, des experts français,
qui trouvent sur place des interlocuteurs de valeur, effectuent de
cinq à dix missions de courte
durée au Népal par an.

Formation
du personnel
médical

Le dernier volet est celui de la
culture. Le centre culturel fran-

çais de Katmandou, qui dispose
de cinq enseignants, organise
chaque année deux cours, cha-
cun d'une durée de quatre mois,
avec trois cents inscriptions. Des
séances de cinéma quotidiennes
ont lieu au centre. Notre langue
est largement plus parlée à Katmandou qu'on pourrait le croire
dans les hôtels, les nombreuses
agences de voyages et dans
quelques boutiques, en raison de
l'afflux des touristes français et
d'autres pays francophones. Plusieurs équipes d'alpinistes français viennent tenter leurs chan-
ces dans l'Himalaya. L'une
d'entre elles a réussi au début du
mois de novembre l'ascension du
mont Nuptse, proche de l'Eve-
rest.

Une assistance à la Santé publique est enfin apportée au
Népal par des organismes privés
français. Un ophtalmologue
œuvre, par exemple, au centre de
prévention de la cécité à Katmandou. Par ailleurs, cinq médecins
et infirmières, qui vont d'une province à l'autre, aident à former du
personnel népalais. Enfin, un
groupe d'experts français, parlant
le népalais, a entrepris il y a deux
ans la réalisation de recherches,
dans les villages, sur les plantes
médicinales, et sur leur commer-
cialisation.